俄罗斯联邦刑事执行法典

黄道秀◎译

УГОЛОВНО-ИСПОЛНИТЕЛЬНЫЙ КОДЕКС
РОССИЙСКОЙ ФЕДЕРАЦИИ

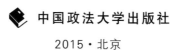

中国政法大学出版社

2015·北京

图书在版编目（ＣＩＰ）数据

俄罗斯联邦刑事执行法典/黄道秀译. —北京：中国政法大学出版社，
2015.6
　ISBN 978-7-5620-6102-1

　Ⅰ.①俄…　Ⅱ.①黄…　Ⅲ.①刑事诉讼法－执行（法律）－法典－俄
罗斯　Ⅳ.①D951.252

　　中国版本图书馆CIP数据核字（2015）第120939号

——

出　版　者　中国政法大学出版社

地　　　址　北京市海淀区西土城路25号

邮寄地址　北京 100088 信箱 8034 分箱　邮编 100088

网　　　址　http://www.cuplpress.com（网络实名：中国政法大学出版社）

电　　　话　010-58908524（编辑部）58908334（邮购部）

承　　　印　固安华明印业有限公司

开　　　本　880mm×1230mm　1/32

印　　　张　9.5

字　　　数　210 千字

版　　　次　2015 年 6 月第 1 版

印　　　次　2015 年 6 月第 1 次印刷

定　　　价　34.00 元

总目录

俄罗斯联邦刑事执行法典（2014 年版）

总　　则

分　则

俄罗斯联邦刑事执行法典（2014年版）

　　国家杜马 1996 年 12 月 18 日通过、联邦委员会 1996 年 12 月 25 日批准，1998 年 1 月 8 日第 11 号联邦法律、1998 年 7 月 12 日第 117 号联邦法律、1998 年 7 月 24 日第 125 号联邦法律、1999 年 3 月 16 日第 49 号联邦法律、2001 年 3 月 9 日第 25 号联邦法律、2001 年 3 月 20 日第 26 号联邦法律、2001 年 6 月 19 日第 85 号联邦法律、2003 年 6 月 11 日第 75 号联邦法律、2003 年 12 月 8 日第 161 号联邦法律、2004 年 6 月 29 日第 58 号联邦法律、2004 年 8 月 22 日第 122 号联邦法律、2004 年 11 月 4 日第 129 号联邦法律、2005 年 2 月 1 日第 1 号联邦法律、2005 年 4 月 1 日第 28 号联邦法律、2005 年 4 月 1 日第 29 号联邦法律、2005 年 5 月 9 日第 46 号联邦法律、2005 年 5 月 9 日第 47 号联邦法律、2006 年 1 月 5 日第 8 号联邦法律、2006 年 1 月 9 日第 12 号联邦法律、2006 年 4 月 3 日第 46 号联邦法律、2006 年 5 月 2 日第 58 号联邦法律、2006 年 12 月 30 日第 273 号联邦法律、2007 年 6 月 6 日第 91 号联邦法律、2007 年 7 月 19 日第 142 号联邦法律、2007 年 7 月 21 日第 194 号联邦法律、2007 年 7 月 24 日第 214 号联邦法律、2007 年 10 月 2 日第 225 号联邦法律、2007 年 12 月 1 日第 229 号联邦法律、2008 年 4 月 3 日第 40 号联邦法律、2008 年 7 月 14 日第 112 号联邦法律、2008 年 7 月 23 日第 160 号联邦法律、2008 年 11 月 8 日第 194 号联邦法律、2008 年 12 月 3 日第 235 号联邦法律、2008 年 12 月 22 日第 261 号联邦法

律、2008 年 12 月 22 日第 271 号联邦法律、2009 年 2 月 14 日第 23 号联邦法律、2009 年 6 月 3 日第 106 号联邦法律、2009 年 6 月 3 日第 111 号联邦法律、2009 年 7 月 19 日第 191 号联邦法律、2009 年 12 月 17 日第 325 号联邦法律、2009 年 12 月 27 日第 377 号联邦法律、2010 年 2 月 21 日第 16 号联邦法律、2010 年 3 月 29 日第 33 号联邦法律、2010 年 3 月 29 日第 36 号联邦法律、2010 年 4 月 5 日第 46 号联邦法律、2010 年 4 月 5 日第 56 号邦法律、2010 年 12 月 28 日第 404 号联邦法律、2011 年 2 月 7 日第 4 号联邦法律、2011 年 2 月 7 日第 5 号联邦法律、2011 年 4 月 6 日第 66 号联邦法律、2011 年 6 月 27 日第 159 号联邦法律、2011 年 11 月 6 日第 294 号联邦法律、2011 年 12 月 3 日第 378 号联邦法律、2011 年 12 月 7 日第 420 号联邦法律、2012 年 2 月 29 日第 14 号联邦法律、2012 年 4 月 1 日第 25 号联邦法律、2012 年 5 月 3 日第 45 号联邦法律、2012 年 12 月 1 日第 208 号联邦法律、2012 年 12 月 30 日第 304 号联邦法律、2012 年 12 月 30 日第 313 号联邦法律、2013 年 4 月 5 日第 59 号联邦法律、2013 年 6 月 7 日第 121 号联邦法律、2013 年 7 月 2 日第 178 号联邦法律、2013 年 7 月 2 日第 185 号联邦法律、2013 年 7 月 23 日第 219 号联邦法律、2013 年 11 月 2 日第 294 号联邦法律、2013 年 12 月 21 日第 378 号联邦法律、2013 年 12 月 28 日第 432 号联邦法律、2014 年 2 月 3 日第 7 号联邦法律、2014 年 5 月 5 日第 96 号联邦法律、2014 年 5 月 5 日第 104 号联邦法律、2014 年 6 月 23 日第 163 号联邦法律、2014 年 11 月 24 日第 371 号联邦法律、2014 年 12 月 1 日第 419 号联邦法律修订。

总　则

第一编　俄罗斯联邦刑事执行立法的基本规定

第一章　一般规定

第1条　俄罗斯联邦刑事执行立法的宗旨和任务

1. 俄罗斯联邦刑事执行立法的宗旨是改造被判刑人和预防被判刑人和其他人实施新的犯罪。

2. 俄罗斯联邦刑事执行立法的任务是调整刑罚执行和服刑的程序及条件，规定改造被判刑人的手段，维护他们的权利、自由和合法利益，在被判刑人适应社会方面给予帮助。

第2条　俄罗斯联邦刑事执行立法的结构和内容

1. 俄罗斯联邦刑事执行立法由本法典和其他联邦法律构成。

2. 俄罗斯联邦刑事执行立法规定：执行刑罚、适用《俄罗斯联邦刑法典》规定的其他刑法性质的措施的一般规定和原则；刑罚执行和服刑、适用改造被判刑人手段的方法的程序和条件；刑罚执行机构和机关的活动程序；国家权力机关和地方自治机关、其他组织、社会团体以及公民参与被判刑人改造的程序；免除刑罚的程序；对被释放人员给予帮助的程序。

第3条　俄罗斯联邦刑事执行立法与国际法文件

1. 俄罗斯联邦的刑事执行立法和适用刑事执行立法的实践所依据的是《俄罗斯联邦宪法》、公认的国际法原则和准则以及作为俄罗斯联邦法律体系组成部分的俄罗斯联邦国际条约，包括严格遵守保护被判刑人免受酷刑、暴力和其他残酷的或侮辱人格待遇的各种保障措施。

（本款由 2008 年 4 月 3 日第 40 号联邦法律修订）

2. 如果俄罗斯联邦的国际条约对刑罚执行和被判刑人待遇规定了与俄罗斯联邦刑事执行立法不同的规则，则适用国际条约的规则。

3. （失效）

（本款由 2008 年 4 月 3 日第 40 号联邦法律删除）

4. 俄罗斯联邦刑事执行立法应在具备必要经济和社会可能时实行国际组织关于刑罚执行和被判刑人待遇问题的建议（宣言）。

第4条　关于刑罚执行问题的规范性法律文件

联邦行政机关有权根据联邦法律就刑罚执行问题通过规范性法律文件。

第 5 条　俄罗斯联邦刑事执行立法对被判刑军人的效力

1. 对被判刑军人的刑罚依照本法典、其他联邦法律和其他规范性法律文件以及行使制订与实现国家政策、在国防领域进行规范性法律调整的联邦行政机关会同俄罗斯联邦总检察院批准的被判刑军人服刑规则执行。

（本款由 2008 年 11 月 8 日第 194 号联邦法律修订）

2. 被判刑的军人依照俄罗斯联邦立法服刑和服兵役。对他们适用本条第 1 款所列规范性法律文件所规定的规则。

第 6 条　俄罗斯联邦刑事执行立法的空间效力和时间效力

1. 俄罗斯联邦刑事执行立法在俄罗斯联邦全境适用。

2. 执行刑罚，以及适用改造被判刑人的手段和对被释放人员提供帮助，依照在其执行时有效的立法进行。

第 7 条　执行刑罚和适用其他刑法性质的方法的根据

执行刑罚和适用其他刑法性质的方法的根据是已经发生法律效力的刑事判决或变更刑事判决的法院裁定或裁决，以及特赦令或大赦令。

第 8 条　俄罗斯联邦刑事执行立法的原则

俄罗斯联邦刑事执行立法所依据的原则是法制、人道主义、民主、被判刑人在法律面前一律平等，执行刑罚的区别化和个别化，合理适用强制方法、改造被判刑人的手段和激励他们的守法行为，刑罚与感化相结合。

第9条　被判刑人的改造和改造的基本手段

1. 改造被判刑人——就是培养他们尊重人、尊重社会、尊重劳动和尊重人类公共生活准则、规则和传统以及激励其守法行为。

2. 改造被判刑人的基本手段是：规定刑罚执行程序和服刑程序（管束制度），教育工作，社会有益劳动，接受普通教育、职业培训和社会感化。

（本款由 2013 年 7 月 2 日第 185 号联邦法律修订）

3. 被判刑人改造手段的适用应考虑刑罚的种类、所实施犯罪的性质和社会危害性的程度、被判刑人的个人情况以及他们的表现。

第二章　被判刑人的法律地位

第 10 条　被判刑人法律地位的基本原则

1. 俄罗斯联邦尊重和保护被判刑人的权利、自由和合法利益，保障对被判刑人改造手段的合法性，在执行刑罚时保障被判刑人的法律保护和人身安全。

2. 在执行刑罚时，被判刑人保证享有俄罗斯联邦公民的权利和自由，但俄罗斯联邦刑事执行立法和其他立法规定的例外和限制除外。除联邦法律规定的情形外，被判刑人不得被免除履行自己的公民义务。

3. 被判刑人是外国公民和无国籍人的，享有俄罗斯联邦参加的国际条约以及关于外国公民和无国籍人的法律地位的俄罗斯联邦立法规定的权利和承担上述条约和立法规定的义务，但俄罗斯联邦刑事立法、刑事执行立法和其他立法规定的例外和限制除外。

4. 被判刑人的权利和义务由本法典根据具体刑种的服刑程序和条件予以规定。

第 11 条 被判刑人的基本义务

1. 被判刑人应该履行俄罗斯联邦立法规定的俄罗斯联邦公民的义务，遵守社会所接受的行为道德规范、卫生保健的要求。

2. 被判刑人有义务遵守规定服刑程序和条件的联邦法律的要求，以及遵守依照上述法律通过的其他规范性法律文件的要求。

3. 被判刑人有义务完成刑罚执行机构和机关的行政的合法要求。

4. 被判刑人应该有礼貌地对待刑罚执行机构的工作人员和造访刑罚执行机构的其他人员以及其他被判刑人。

5. 被判刑人有义务在刑罚执行机构和机关行政传唤时随传随到，并就执行刑事判决要求的问题作出解释。如不到场，对被判刑人可以进行拘传。

6. 被判刑人如不履行所承担的义务以及不完成刑罚执行机构和机关行政的合法要求，应承担法律规定的责任。

第 12 条 被判刑人的基本权利

1. 被判刑人有权获得关于自己的权利和义务、关于法院所判刑种的服刑程序和条件的信息。刑罚执行机构和机关的行政应向被判刑人提供上述信息，以及让他们了解服刑程序和条件的变更情况。

2. 被判刑人有权受到刑罚执行机构工作人员有礼貌的对待。被判刑人不应受到残酷的或侮辱人格的待遇或处罚。只能根据法律对被判刑人适用强制措施。

（本款由 2003 年 12 月 8 日第 161 号联邦法律修订）

3. 被判刑人无论本人是否同意，均不得使用药物以及诊断、预防和治疗疾病的新方法对之进行医学的、科学的和其他的试验以及进行其他生物医学试验。

（本款由 2009 年 7 月 19 日第 191 号联邦法律修订）

4. 被判刑人有权向刑罚执行机构和机关的行政、刑罚执行机构和机关的上级管理机构和机关（下称上级机关）、法院、检察机关、国家权力机关和地方自治机关、俄罗斯联邦人权代表、俄罗斯联邦总统儿童权利代表、俄罗斯联邦总统维护经营者权利代表、俄罗斯联邦主体的人权代表、俄罗斯联邦主体的儿童权利代表、俄罗斯联邦主体的维护经营者权利代表和向社会监督委员会、社会团体以及依照俄罗斯联邦的国际条约向国际人权和自由保护组织提出建议、申请和控告。

（本款由 2003 年 12 月 8 日第 161 号联邦法律、2010 年 7 月 1 日第 132 号联邦法律、2012 年 12 月 30 日第 304 号联邦法律、2013 年 11 月 2 日第 294 号联邦法律修订）

5. 被判刑人是俄罗斯联邦公民的，有权使用俄罗斯联邦的国家语言或者根据他们的愿望使用服刑地点的俄罗斯联邦主体的官方语言作出解释、进行通信以及提出本条第 4 款所载之建议、申请和控告。被判刑人是外国公民和无国籍人的，有权使用其母语或他们所通晓的任何语言作出解释、进行通信以及提出本条第 4 款所载之建议、申请和控告，而在必要时有权使用翻译服务。对被判刑人的答复应该使用提出请求所使用的语言。

在不可能使用提出请求所使用的语言进行答复时，答复应该用俄罗斯联邦的国家语言作出，并由刑罚执行机构和机关保证翻译成提出请求所使用的语言。

6. 被判刑人有权获得健康保护，包括根据医疗诊断书在门诊或住院条件下接受初级医疗卫生帮助和专门医疗帮助。

6－1. 被判刑人有权获得改造机构心理学服务人员和其他有权提供心理帮助的人员提供的心理帮助。只有经被判刑人的同意，被判刑人方可参加与提供心理帮助有关的活动。

（本款由 2003 年 12 月 8 日第 161 号联邦法律增补）

7. 被判刑人有权获得社会保障，包括依照俄罗斯联邦立法获得赡养金和专门补助费。

（本款由 2001 年 3 月 9 日第 25 号联邦法律修订）

8. 为获得法律帮助，被判刑人可以利用律师服务和有权提供此种帮助的其他人员的服务。

9. 被判处强制劳动、拘役或剥夺自由的人是外国公民的，有权同本国驻俄罗斯联邦的外交代表机构和领事机构保持联系，而未在俄罗斯联邦设有外交代表机构和领事机构的国家的公民，则有权同负责维护其利益的国家的外交代表机构或者同从事上述被判刑人保护的跨国机关保持联系。

（本款由 2009 年 12 月 27 日第 377 号联邦法律、2011 年 12 月 7 日第 420 号联邦法律修订）

10. 实现被判刑人权利的程序由本法典以及其他规范性法律文件规定。

11. 在实现被判刑人权利时，不得违反服刑的程序和条件，也不得损害他人的权利和合法利益。

第 13 条　被判刑人的人身安全权

1. 被判刑人享有人身安全的权利。

2. 当被判刑人的人身安全受到威胁时，被判刑人有权向执行强制劳动刑、拘役刑或剥夺自由刑的机构的任何公职人员提出保障其人身安全的请求。在这种情况下，上述公职人员必须立即采取措施保障提出请求的被判刑人的人身安全。

（本款由 2009 年 12 月 27 日第 377 号联邦法律、2011 年 12 月 7 日第 420 号联邦法律修订）

3. 执行本条第 2 款所规定刑种的机构的首长，应根据被判刑人的申请或主动作出决定，将被判刑人调往安全场所或者采取消除被判刑人人身安全威胁的其他措施。

4. 对作为刑事诉讼参加人的被判刑人的安全措施，应由刑罚执行机构或机关的首长根据法院、检察长、侦查员、调查机关和调查人员说明理由的决定（裁定）采取。

（本款由 2006 年 4 月 3 日第 46 号联邦法律增补）

第 14 条　保障被判刑人的信仰自由和宗教信仰自由

1. 被判刑人保证享有信仰自由和宗教信仰自由。他们有权信仰任何一种宗教或者不信仰任何宗教，自由地选择具有或传播宗教信念和按照宗教信念行事。

2. 实现信仰自由和宗教信仰自由的权利是自愿的，在这种情况下不得违反刑罚执行机构的内部规章，也不得损害他人的权利。

3. （自 2010 年 1 月 1 日起失效）

（本款由 2009 年 12 月 27 日第 377 号联邦法律删除）

4. 被判处强制劳动、拘役或剥夺自由的人可以根据他们的请求邀请属于已经按规定程序登记的宗教团体的神职人员前来。在刑罚执行机构内，准许被判刑人举行宗教仪式、使用宗教物品和宗教书刊。为此目的，上述机构的行政应拨出专门的房舍。

（本款由 2003 年 12 月 8 日第 161 号联邦法律、2011 年 12 月 7 日第 420 号联邦法律修订）

5. （失效）

（本款由 2003 年 12 月 8 日第 161 号联邦法律删除）

6. 被判刑人身患严重疾病的，以及被判死刑的人在行刑之前，根据他们的请求，被保证有可能邀请神职人员前来举行一切必要的宗教仪式。

第 15 条　被判刑人的要求及其审议程序

1. 被判刑人可以依照 2006 年 5 月 2 日第 59 号联邦法律《俄罗斯联邦公民请求审议程序法》和俄罗斯联邦其他立法文件规定的程序并考虑本法典的要求提出建议、申请和控告。

2. 被判处拘役、军纪营管束、剥夺自由、死刑的被判刑人的建议、申请和控告应以书面形式提出。

（本款由 2012 年 12 月 30 日第 304 号联邦法律修订）

3. 被判处拘役、军纪营管束、剥夺自由、死刑的人向本法典第 12 条第 4 款所列机关所提出的建议、申请和控告，应通过刑罚执行机构和机关的行政呈送，对这些建议、申请、控告的回复也应通过刑罚执行机构和机关进行。被判处其他刑罚的人自行呈送建议、申请和控告。

（本款由 2012 年 12 月 30 日第 304 号联邦法律修订）

4. 被判处拘役、军纪营管束、剥夺自由、死刑的人向俄罗斯联邦总统、俄罗斯联邦联邦会议两院、俄罗斯联邦政府、俄罗斯联邦主体的立法机关（代议制机关）、俄罗斯联邦主体的行政机关、法院、检察机关、刑事执行系统的上级机关及其公职人员、俄罗斯联邦人权代表、俄罗斯联邦总统儿童权利代表、俄罗斯联邦总统维护经营者权利代表、俄罗斯联邦主体人权代表、俄罗斯联邦主体的儿童权利代表、俄罗斯联邦主体的维护经营者权利代表、依照俄罗斯联邦立法设立的社会监督委员会提出的以及依照俄罗斯联邦的国际条约向人权和自由保护的跨国机关提出的建议、申请和控告以及对建议、申请和控告的回复不得进行审查。上述建议、申请和控告必须在一个工作日内送交邮电人员，以便按归属关系进行送达。

（本款由 2012 年 12 月 30 日第 304 号联邦法律、2013 年 11 月 2 日第 294 号联邦法律修订）

5. 对刑罚执行机构和机关行政的决议和行为提出建议、申请和控告，并不中止这些决议和行为的执行。

6. 收到被判刑人建议、申请和控告的机关和公职人员，应在俄罗斯联邦立法规定的期限内对它们进行审议，并将作出的决定通知被判刑人。

第三章　执行刑罚的机构和机关及对其活动的监督

第 16 条　执行刑罚的机构和机关

（本条由 2001 年 3 月 9 日第 25 号联邦法律修订）

1. 罚金刑由被判刑人住所地的法警执行员执行。

（本款由 2003 年 12 月 8 日第 161 号联邦法律修订）

2. 剥夺担任一定职务或从事某种活动的权利的刑罚由被判

刑人住所地（工作地）的刑事执行检查处、改造机构或军纪营执行。关于剥夺担任一定职务或从事某种活动权利的刑事判决的各项要求，由被判刑人工作单位的行政以及依法有权撤销所从事活动许可证的机关执行。

（本款由 2009 年 12 月 27 日第 377 号联邦法律修订）

3. 剥夺专门称号、军衔或荣誉称号、职衔和国家奖励的刑罚由作出刑事判决的法院执行。剥夺专门称号、军衔和荣誉称号、职衔和国家奖励的刑事判决提出的要求由授予称号、军衔、职衔和国家奖励的公职人员执行，或者由俄罗斯联邦相应的机关执行。

4. 强制性社会公益劳动刑由被判刑人住所地的刑事执行检查处执行。

5. 劳动改造刑由刑事执行检查处执行。

6. （失效）

（本款由 2003 年 12 月 8 日第 161 号联邦法律删除）

7. 限制自由刑由被判刑人住所地的刑事执行检查处执行。

（本款由 2009 年 12 月 27 日第 377 号联邦法律修订）

7-1. 强制劳动由改造中心执行。

（本款由 2011 年 12 月 7 日第 420 号联邦法律增补）

8. 拘役刑由拘留所执行。

9. 剥夺自由刑由改造村、教养营、医疗改造机构、一般管束制度、严格管束制度或特别管束制度的改造营或监狱执行，而对本法典第 77 条所列人员，则由侦查羁押所执行。

10. 终身剥夺自由刑由被判处终身剥夺自由刑的人服刑的特别管束制度的改造营执行。

11. 死刑由刑事执行系统的机构执行。

12. 对军人的刑罚由俄罗斯联邦武装力量军事警察执行：军纪营管束在专门军事纪律部队执行；拘役在禁闭室执行。限制军职由军人服役的部队的指挥机关（下称部队指挥机关）执行。

（本款由 2014 年 2 月 3 日第 7 号联邦法律修订）

13. 被判处缓刑的人员接受刑事执行检查处的监督，刑事执行检查处还监督依照《俄罗斯联邦刑法典》第 102 条所判处的医疗性强制措施的适用。对被判缓刑的军人，由部队指挥机关进行监督。

（本款由 2012 年 2 月 29 日第 14 号联邦法律修订）

14. 本条第 4 款、第 5 款、第 7 款、第 7－1 款、第 8 款、第 9 款和第 10 款中所规定的机构是刑事执行系统的机构。

（本款由 2006 年 1 月 9 日第 12 号联邦法律、2011 年 12 月 7 日第 420 号联邦法律修订）

第 17 条　关于服刑场所的通知

刑罚执行机构或机关的行政必须在被判刑人到达服刑场所之日起 10 日内根据被判刑人的选择向被判刑人的一位亲属发送关于被判刑人已到达服刑场所的通知，如果在被判刑人的个人卷宗中还有法院关于将服刑场所通知被害人及其法定代理人的裁定或裁决副本，则还应通知被害人及其法定代理人。

（本条由 2013 年 12 月 28 日第 432 号联邦法律修订）

第 18 条　对被判刑人适用医疗性强制措施

1. 对被判处强制劳动、拘役、剥夺自由的患有不排除刑事责任能力的精神病的人员，由执行上述刑种的机构根据法院裁判适用强制性医疗措施。

（本款由 2003 年 12 月 8 日第 161 号联邦法律、2009 年 12 月 27 日第 377 号联邦法律、2011 年 12 月 7 日第 420 号联邦法律修订）

2. 如果在本条第 1 款所列刑种的服刑期间查明，被判刑人患有不排除刑事责任能力的精神病并因而对自己和他人构成危险，上述刑种执行机构的行政应提请法院对该被判刑人适用医疗性强制措施。

（本款由 2001 年 3 月 9 日第 25 号联邦法律、2003 年 12 月 8 日第 161 号联邦法律修订）

3. （删除）

（本款由 2003 年 12 月 8 日第 161 号联邦法律删除）

4. 对被判处本条第 1 款所列刑种、患有酒精中毒、吸毒成瘾或属于艾滋病感染者的人员，患有开放性肺结核的人员以及未完成或未做完花柳病全部疗程的被判刑人，上述刑罚执行机构应根据医疗委员会的决定适用强制治疗。

（本款由 2003 年 12 月 8 日第 161 号联邦法律修订）

5. 对年满 18 岁以上实施侵害性不受侵犯权和个人性自由的犯罪而正在服剥夺自由刑的被判刑人在服刑期届满前 6 个月，或者在收到假释申请或将未服完部分的刑罚改判较轻刑种的申请时，或者在提请将未服完部分的刑罚改判较轻刑种之前，刑罚执行机构的行政应建议进行精神病学医生委员会的检验，以确定该人存在还是不存在性变态（恋童癖）和确定旨在改善其心理状态、预防其实施新的犯罪和进行相应治疗的医疗性措施。精神病学医生委员会检验的根据是该被判刑人自愿向刑罚执行机构申请或者同意进行。刑罚执行机构的行政必须保证精神病学医生检验的进行和根据检验结果对被判刑人适用医疗性措施。

根据治疗医生的提议，以及治疗医生在治疗过程中得出结论认为有必要变更医疗措施或终止医疗措施的适用时对被判刑人进行例行检验。根据接受治疗的被判刑人的申请，刑罚执行机构的行政可以终止治疗。本款的规则不适用于因患有不排除刑事责任能力的精神病而根据法院裁判被适用医疗性强制措施的被判刑人。

（本款由 2012 年 2 月 29 日第 14 号联邦法律增补）

第 18 - 1 条　在执行被判刑人不与社会隔离的刑罚时宣布通缉和进行侦缉活动

（本条由 2011 年 12 月 7 日第 420 号联邦法律增补）

1. 对被判处强制性社会公益劳动、劳动改造、限制自由的人员，以及被判缓刑的人员、延期服刑的被判刑人，如果他们逃避刑事执行检查处的监督，由刑事执行检查处采取初次通缉措施。

2. 对被判处强制性社会公益劳动、劳动改造、限制自由的人员以及被判缓刑的人员、延期服刑的被判刑人，在他们逃避刑事执行检查处的监督时的通缉，由刑事执行检查处的行动部门宣布。

3. 在执行不与社会隔离的刑罚时，侦缉活动由刑事执行检查处行动部门独立进行，也由刑事执行检查处行动部门与 1995 年 8 月 12 日第 144 号联邦法律《侦缉活动法》规定的国家机关的行动部门在其权限范围内协同进行。

第 19 条　国家权力机关的监督

（本条由 2004 年 8 月 22 日第 122 号联邦法律修订）

联邦国家权力机关对刑罚执行机构和机关的活动实行监督。实行监督的程序由俄罗斯联邦立法调整。

（本条由 2004 年 8 月 22 日第 122 号联邦法律修订）

第 20 条　法院监督

1. 在解决应该由法院审理的问题时或在依照《俄罗斯联邦刑事诉讼法典》第 397 条（第 1 项和第 18 项所列情形除外）和第 398 条执行刑事判决时，法院对刑罚的执行实行监督。

（本款由 2009 年 6 月 3 日第 111 号联邦法律修订）

2. 依照俄罗斯联邦立法，法院审理被判刑人和其他人员对刑罚执行机构和机关行政的行为提出的控告。

（本款由 2003 年 12 月 8 日第 161 号联邦法律修订）

3. 刑罚执行机构和机关应将以下事项通知作出刑事判决的法院：被判刑人服强制劳动刑、拘役刑、军纪营管束刑、剥夺自由刑等刑罚的开始和服刑的场所；罚金刑，剥夺担任一定职务和从事某种活动的权利刑，剥夺专门称号、军衔和荣誉称号、职衔和国家奖励刑、强制性社会公益劳动刑、劳动改造刑、限制军职刑、限制自由刑、死刑等刑罚的执行情况。

（本款由 2009 年 12 月 27 日第 377 号联邦法律、2011 年 12 月 7 日第 420 号联邦法律修订）

第 21 条　部门监督

对于刑罚执行机构和机关的活动，应由上级机关及其公职人员进行监督。实行部门监督的程序由规范性法律文件规定。

第 22 条　对刑罚执行机构和机关的行政遵守法律情况的检察监督

对刑罚执行机构和机关的行政遵守法律的情况由俄罗斯联邦总检察长及其下属检察长依照《俄罗斯联邦检察院法》实行监督。

第 23 条　社会团体参与对保障人权的社会监督　社会团体促进刑罚执行机构和机关的工作

（本条由 2010 年 7 月 1 日第 132 号联邦法律修订）

1. 对改造中心、改造机构和军纪营保障人权的社会监督由俄罗斯联邦各主体依照 2008 年 6 月 10 日第 76 号联邦法律《对强制羁押场所保障人权的社会监督和强制羁押场所人员帮助法》在俄罗斯联邦各主体成立的社会监督委员会及其成员依照俄罗斯联邦立法规定的根据和程序进行。

（本款由 2011 年 12 月 7 日第 420 号联邦法律修订）

2. 社会监督委员会成员在对改造中心、改造机构和军纪营内保障人权的情况实行监督时，有权在改造机构行政的代表或军纪营的代表能够看见但不能够听见的条件下与被判刑人进行交谈。

（本款由 2011 年 12 月 7 日第 420 号联邦法律修订）

3. 社会团体按照俄罗斯联邦立法规定的形式和办法对刑罚执行机构和机关的工作给予协助和参加被判刑人的改造。

4. 为了协助刑罚执行机构和机关完善改造机构的物质技术基础、解决被判刑人的社会保护问题、组织即将释放人员的劳动安置和生活安置，以及在帮助教养营组织教学和思想教育，改造机构可以建立监护委员会。改造机构的监护委员会无偿进行自己的活动。改造机构的监护委员会可以有俄罗斯联邦各主体行政机关、地方自治机关、任何组织法形式的机构和组织代表和社会团体的代表以及公民参加。改造机构监护委员会的成立办法、期限、活动权限和程序由在刑罚执行领域行使制订和实现国家政策及进行规范性法律调整职能的联邦行政机关规定。

（本款由 2013 年 12 月 21 日第 378 号联邦法律增补）

第 24 条　对刑罚执行机构和机关的造访

1. 下列人员在执行公务时有权不经专门许可而造访刑罚执行机构和机关：

（1）俄罗斯联邦总统、俄罗斯联邦政府总理、俄罗斯联邦联邦会议联邦委员会委员和国家杜马议员、俄罗斯联邦人权代表以及俄罗斯联邦各主体的总统和政府首脑、俄罗斯联邦主体人权代表、地方自治机关首脑（在相应区域内）；

（本项由 2003 年 12 月 8 日第 161 号联邦法律修订）

（2）俄罗斯联邦总检察长、俄罗斯联邦各主体检察长、他们的下属检察长，以及直接对相关区域内刑罚执行情况实行监督的检察长；

（3）上述机关的公职人员；

（4）在刑罚执行机构和机关所在区域内进行案件审理的法院的法官；

（5）议员、社会监督委员会及其成员（在相应区域内）；

（本项由 2010 年 7 月 1 日第 132 号联邦法律修订）

（6）俄罗斯联邦总统儿童权利代表、俄罗斯联邦各主体的儿童权利代表（在相应区域内）造访对未成年被判刑人、被判刑的孕妇、被判刑的有子女养育在改造机构托儿所的妇女执行刑罚的机构和机关；

（本项由 2011 年 12 月 3 日第 378 号联邦法律增补）

（7）俄罗斯联邦总统维护经营者权利代表、俄罗斯联邦各主体维护经营者权利代表（在相应区域内）——为维护《俄罗斯联邦刑法典》第 159 条~第 159 - 6 条、第 160 条、第 165 条所规定犯罪案件中的犯罪嫌疑人、刑事被告人和被判刑人的权利，如果这些犯罪是在经营活动领域实施的，以及《俄罗斯联邦刑法典》第 171 条~第 172 条、第 173 - 1 条~第 174 - 1 条、第 176 条~第 178 条、第 180 条、第 181 条、第 183 条、第 185 条~第 185 - 4 条、第 190 条~第 199 - 2 条所规定犯罪案件中的犯罪嫌疑人、刑事被告人和被判刑人的权利。

（本项由 2013 年 11 月 2 日第 294 号联邦法律增补）

2.（失效）

（本款由 2003 年 12 月 8 日第 161 号联邦法律删除）

3. 大众信息媒体的代表和其他人员有权在取得刑罚执行机构和机关行政当局或上级机关的专门许可后造访刑罚执行机构和机关。

4. 对被判刑人进行电影拍摄、照相、摄像和采访，须经被判刑人本人的书面同意。

5. 对保障被判刑人安全和看守的客体进行电影拍摄、照相、摄像，须经刑罚执行机构或机关行政的书面许可。

分　则

第二编　不将被判刑人与社会隔离的刑罚的执行

第四章　强制性社会公益劳动刑的执行

第 25 条　强制性社会公益劳动刑的执行程序

1. 强制性社会公益劳动刑由被判刑人住所地的刑事执行检查处执行。被判刑人从事的具体工种和服刑的项目由地方自治机关与刑事执行检查处协商后确定。

（本款由 2006 年 12 月 30 日第 273 号联邦法律修订）

2. 被判处强制性社会公益劳动的人员，应在附有刑事判决副本的有关法院指令（裁定、裁决）送达刑事执行检查处之日起的 15 日内开始服刑。

3. 刑事执行检查处对被判刑人进行登记；向他们说明服刑的程序和条件；同地方自治机关商议作为被判刑人服强制性社会公益劳动刑场所的项目清单；监督被判刑人的行为；对被判

刑人的服刑时间进行累计。

（本款由 2003 年 12 月 8 日第 161 号联邦法律修订）

第 26 条　强制性社会公益劳动刑的执行与服刑的条件

1. 被判处强制性社会公益劳动的人必须：遵守作为他们服刑场所的单位的内部规章，认真劳动；在给他们指定的项目上工作并工作达到法院规定的强制性社会公益劳动期限；将住所地的变更情况通知刑事执行检查处；在刑事执行检查处传唤时随传随到。

（本款由 2006 年 1 月 9 日第 12 号联邦法律修订）

2. 被判刑人的主要工作地点给被判刑人提供例行的年度休假不中止强制性社会公益劳动刑的执行。

3. 如果被判刑人患有严重疾病妨碍其服刑，或者被判刑人被认定为一等残废，则被判刑人有权向法院提出申请，要求免于继续服刑。

（本款由 2006 年 1 月 9 日第 12 号联邦法律修订）

3－1. 如果被判刑强制性社会公益劳动的妇女怀孕，则她有权向法院提出关于自孕期假和产假开始之日延期服刑的申请。

（本款由 2006 年 1 月 9 日第 12 号联邦法律修订）

4. 强制性社会公益劳动无偿进行。

（本款由 2003 年 12 月 8 日第 161 号联邦法律增补）

第 27 条　强制性社会公益劳动期限的计算

1. 强制性社会公益劳动的期限以被判刑人服强制性社会公益劳动刑的时间按小时计算。

2. 在假日和被判刑人主要工作、服务或学习地点不工作的日子，强制性社会公益劳动的时间不得超过 4 小时；在工作日，在完成工作、服务或学习之后不得超过 2 小时，而经被判刑人的同意，则不得超过 4 小时。一周里的强制性社会公益劳动时间一般不得少于 12 小时。在具备正当理由时，刑事执行检查处有权准许被判刑人一周工作的时间少于上述小时数。

第 28 条　被判刑人服强制性社会公益劳动刑的单位行政的职责

1. 被判刑人服强制工作刑场所的行政有责任监督被判刑人完成指定给他们的工作，向刑事执行检查处报告被判刑人已工作的小时数或被判刑人逃避服刑的情况。

2.（失效）

（本款由 2003 年 12 月 8 日第 161 号联邦法律删除）

3. 如果被判刑人因强制性社会公益劳动致残，对被判刑人的损害赔偿应依照俄罗斯联邦劳动立法进行。

第 29 条　被判处强制性社会公益劳动刑的人员的责任

1. 被判处强制性社会公益劳动刑的人违反服刑程序和条件的，刑事执行检查处应警告他依照俄罗斯联邦立法应负的责任。

2. 对恶意逃避服强制性社会公益劳动刑的被判刑人，刑事执行检查处应向法院提请依照《俄罗斯联邦刑法典》第 49 条将强制性社会公益劳动改判其他刑罚。

第 30 条　恶意逃避服强制性社会公益劳动刑

1. 有下列情形之一的，被判刑人被认为是恶意逃避服强制性社会公益劳动刑：

（本款由 2003 年 12 月 8 日第 161 号联邦法律修订）

（1）一个月内超过两次无正当理由不参加强制性社会公益劳动；

（2）一个月内超过两次违反劳动纪律；

（3）躲藏起来以逃避服刑。

2. 恶意逃避服强制性社会公益劳动刑的人，下落不明的，可以宣布通缉并在拘捕后可以羁押 48 小时以下。该期限还可以延长 30 昼夜以下。

（本款由 2003 年 12 月 6 日第 161 号联邦法律增补）

第五章　罚金刑的执行

第 31 条　罚金刑的执行程序

（本条由 2003 年 12 月 8 日第 161 号联邦法律修订）

1. 被判处罚金的人，不分期交纳的，必须在法院的刑事判决生效之日起的 30 日内交清罚金。

2. 如果被判刑人没有可能一次交清罚金，法院可以根据被判刑人的请求规定在 3 年内分期交纳。

（本款由 2007 年 10 月 2 日第 225 号联邦法律修订）

3. 分期交纳罚金的被判刑人，以及法院依照本条第 2 款裁定分期交纳罚金的被判刑人，必须在法院刑事判决或裁定生效之日起的 30 日内交纳第一笔罚金。剩余部分的罚金应每月交纳，交纳日期不得迟于每个月的最后一天。

第 32 条　恶意逃避交纳罚金

（本条由 2003 年 12 月 8 日第 161 号联邦法律修订）

1. 被判刑人不在本法典第 31 条第 1 款和第 3 款规定的期限内交清罚金或交纳部分罚金的，是恶意逃避交纳罚金。

2. 对恶意逃避交纳罚金的人，如果罚金是作为主刑判处的，法警执行员应在交纳本法典第 31 条第 1 款和第 3 款规定罚金期限届满之日起的 10 日后 30 日前向法院提请依照《俄罗斯联邦刑法典》第 46 条第 5 款的规定将罚金刑改判其他刑种。

3. 对恶意逃避交纳罚金的人，如果罚金是作为附加判处的，则法警执行员应依照俄罗斯联邦立法规定的强制程序追索罚金。

（本款由 2006 年 1 月 9 日第 12 号联邦法律修订）

4. 恶意逃避服刑的被判刑人，下落不明的，可以宣布通缉并在拘捕后可以羁押 48 小时以下。该期限还可以延长 30 昼夜以下。

第六章　剥夺担任一定职务和从事某种活动的权利刑的执行

第 33 条　剥夺担任一定职务或从事某种活动的权利刑的执行程序

1. 剥夺担任一定职务或从事某种活动的权利这种刑罚，无论是作为主刑，还是作为罚金、强制性社会公益劳动改造或者限制自由等刑罚的附加刑，以及在缓刑条件下，均应由被判刑人住所地（工作地）的刑事执行检查处执行。

（本款由 2006 年 1 月 9 日第 12 号联邦法律、2009 年 12 月 27 日第 377 号联邦法律修订）

2. 上述刑罚，作为强制劳动、拘役、军纪营管束或剥夺自由等刑罚的附加刑而判处的，应由主刑的执行机构和机关执行，而在主刑服刑期满之后，由被判刑人住所地（工作地）的刑事执行检查处执行。

（本款由 2006 年 1 月 9 日第 12 号联邦法律、2009 年 12 月 27 日第 377 号联邦法律修订）

3. 刑事执行检查处对被判刑人进行登记；监督被判刑人遵守法院刑事判决对担任一定职务或从事某种活动的禁止性规定；检查被判刑人所在工作单位的行政以及有权撤销禁止被判刑人从事的活动的许可证的机关对判决要求的执行情况；组织对被判刑人进行教育工作。

4. 作为附加刑被判处剥夺担任一定职务或从事某种活动的权利这一刑罚的，被判刑人服主刑的机构的行政不得吸收被判刑人完成禁止他从事的工作。

5. （失效）

（本款由 2010 年 4 月 5 日第 46 号联邦法律删除）

第 34 条　被判刑人工作单位行政的职责

1. 关于剥夺担任一定职务或从事某种活动的权利的刑事判决的各项要求对被判刑人工作单位的行政具有强制力。

2. 被判刑人工作单位的行政必须：

（1）在法院刑事判决副本和刑事执行检查处的通知送达后的 3 日内免除被判刑人被剥夺担任的职务，或者禁止他从事有关的活动，并将执行刑事判决情况的通知送交刑事执行检查处；

（2）根据刑事执行检查处的要求提交与刑罚执行有关的文件；

（3）在同被判刑人的劳动合同变更或终止时，在 3 日内将此情况通知刑事执行检查处；

（4）被判刑人尚未服满刑罚便被单位解职时，在被判刑人的劳动手册上记载被判刑人根据何种理由、多长期限被剥夺担任何种职务或从事何种活动的权利。

第35条　有权撤销从事某种活动许可证的机关的职责

1. 关于剥夺从事某种活动的权利的刑事判决对于有权撤销从事相关活动许可证的机关具有强制力。

2. 上述机关应在法院刑事判决副本和刑事执行检查处的通知送达后的 3 日内撤销被判刑人被禁止从事的活动的许可证，收回许可该人从事上述活动的文件，并将关于此情况的通知发送给刑事执行检查处。

第36条　剥夺担任一定职务或从事某种活动的权利期限的计算

1. 剥夺担任一定职务或从事某种活动的权利无论作为主刑，还是作为罚金、强制性社会公益劳动、劳动改造或限制自由等刑罚的附加刑判处的，以及在缓刑的条件下，如果附加刑没有延期执行，则其期限均自刑事判决生效之时起计算。被判刑人担任被禁止的职务或从事被禁止活动的时间不得计入上述刑期。

（本款由 2009 年 12 月 27 日第 377 号联邦法律修订）

2. 如果剥夺担任一定职务或从事某种活动的权利这一刑罚是作为强制劳动、拘役、军纪营管束、剥夺自由等刑罚的附加刑判处的，则其期限分别自被判刑人从改造中心释放、解除拘役、解除军纪营管束或从改造机构释放之日起计算。

（本款由 2009 年 12 月 27 日第 377 号联邦法律、2011 年 12 月 7 日第 420 号联邦法律修订）

3. 在本条第 2 款规定的情况下，剥夺担任一定职务或从事某种活动的权利的刑事判决的要求也及于被判刑人在上述主刑的整个服刑期间。

第 37 条　被判处剥夺担任一定职务或从事某种活动的权利的人的义务

被判处剥夺担任一定职务或从事某种活动的权利的人必须执行刑事判决的规定，根据刑事执行检查处的要求提交与服上述刑罚有关的文件，将工作地点、工作地点变更的情况或解除工作的情况以及住所地变更情况通知刑事执行检查处。

（本条由 2003 年 12 月 8 日第 161 号联邦法律修订）

第 38 条　不执行关于剥夺担任一定职务或从事某种活动权利的刑事判决的责任

权力机关的代表，国家工作人员，地方自治机关的工作人员，国家机构和地方自治机构、商业组织或其他组织的工作人员，恶意不执行已经生效的关于剥夺担任一定职务或从事某种活动的权利的法院刑事判决、法院决定或其他司法文书的，以及被判刑人违反刑事判决规定的，应依照俄罗斯联邦立法规定的程序承担责任。

（本条由 2014 年 5 月 5 日第 96 号联邦法律修订）

第七章　劳动改造刑的执行

第 39 条　劳动改造刑的执行程序

1. 劳动改造刑在被判刑人的主要工作地点服刑，而没有主要工作地点的被判刑人，在地方自治机关会同刑事执行检查处指定的地方服刑，但必须在被判刑人居住的地区内。

（本款由 2011 年 12 月 7 日第 420 号联邦法律修订）

2. 被判处劳动改造刑的人员应在法院相关指令及刑事判决（裁定、裁决）副本送达之日起的 30 日内由刑事执行检查处派去服刑。

（本款由 2003 年 12 月 8 日第 161 号联邦法律修订）

3. 刑事执行检查处对被判刑人进行登记；向被判刑人说明服刑的程序和条件；监督被判刑人遵守服刑的条件和监督被判刑人工作单位的行政执行刑事判决的要求；对被判刑人进行教育工作；在警察人员参加下和依照俄罗斯联邦立法规定的程序监督被判刑人的行为；就变更被判刑人服劳动改造刑场所的问题向地方自治机关提出请求；对没有正当理由传唤不到的被判刑人作出拘传决定；采取通缉被判刑人的初步措施；准备关于下落不明的被判刑人的材料并将材料移送到相应部门。

（本款由 2003 年 12 月 8 日第 161 号联邦法律、2005 年 2 月 1 日第 1 号联邦法律、2011 年 2 月 7 日第 4 号联邦法律修订）

第 40 条　劳动改造刑的服刑条件

1. 被判处劳动改造刑的人必须遵守服刑的程序和条件，认真对待劳动，听候刑事执行检查处传唤，随传随到。

（本款由 2005 年 2 月 1 日第 1 号联邦法律修订）

2. 按刑事判决规定的数额从被判刑人工资中扣款。

3. 在被判刑人服劳动改造刑期间，禁止不经刑事执行检查处的书面批准而根据其本人的愿望解除其工作。在对解除工作的合理性进行审查之后可以发给许可书。拒绝发给许可书时，应说明理由。对于拒绝发给许可书的决定可以依照法律规定的程序提出申诉。

4. 被判刑人无权拒绝提供给他的工作。

（本款由 2003 年 12 月 8 日第 161 号联邦法律修订）

5. 被判刑人应在 10 日内将变更工作地点和变更住所地的情况通知刑事执行检查处。

6. 在劳动改造刑的服刑期间，被判刑人工作单位的行政经与刑事执行检查处协商后给被判刑人提供 18 个工作日的带薪年度休假。俄罗斯劳动立法规定的其他休假，被判刑人按一般根据享受。

第 41 条　（失效）

（本条由 2003 年 12 月 8 日第 161 号联邦法律删除）

第 42 条　劳动改造期限的计算

1. 劳动改造期限按被判刑人劳动并从其工资中扣款的时间用年、月计算。规定刑期中被判刑人每个月劳动的天数不得少于该月应有的工作日数。如果被判刑人没有干满规定的天数又不具有本法典规定的将不劳动日计入刑期的理由，则劳动改造刑的服刑期应继续直至被判刑人完全干满规定的工作日数。

2. 没有主要工作地点的被判刑人服劳动改造刑期限的开始是他出工之日，而有主要工作地点的被判刑人服刑的开始则为被判刑人工作单位的行政从刑事执行检查处收到相应的文件之日。

（本款由 2011 年 12 月 7 日第 420 号联邦法律修订）

3. 被判刑人不工作的时间，不计入劳动改造刑的服刑期限。

（本款由 2003 年 12 月 6 日第 161 号联邦法律、2009 年 6 月 3 日第 106 号联邦法律修订）

4. 在被判刑人罹患妨碍其继续服刑的严重疾病时，或者被确认为一等残废时，被判刑人有权向法院提出申请，要求免除他继续服刑。

（本款由 2006 年 1 月 9 日第 12 号联邦法律修订）

5. 如果被判处劳动改造刑的妇女怀孕，则被判刑人有权向法院提出申请，要求自享受孕期假和产假之日起延期服刑。

（本款由 2006 年 1 月 9 日第 12 号联邦法律修订）

6. 如果被判刑人工作单位实行工作时间累计制度，则被判刑人的服刑期限按统计期间内的工作时间计算，但该期间不得超过规定的工作小时数。

7. （失效）

（本款由 2009 年 6 月 3 日第 106 号联邦法律修订）

第 43 条　被判处劳动改造刑的人工作单位行政的职责

1. 被判处劳动改造刑的人的工作单位行政的职责是：正确和及时地从被判刑人工资中扣款并按规定程序划拨所扣金额；监督被判刑人在生产中的表现并协助刑事执行检查处对被判刑人进行教育工作；遵守本法典规定的服刑条件；将对被判刑人采取的奖励措施和处罚措施、被判刑人逃避服刑的情况通知刑事执行检查处，以及事先通知将被判刑人调往另一职务或将他解职的事宜。

2. 不履行上述职责的，应依照俄罗斯联邦立法承担责任。

第44条　从被判处劳动改造的人工资中扣款的程序

1. 刑事执行检查处对于是否正确和及时从被判处劳动改造刑的人工资中扣款并将所扣金额划拨到相应预算实行监督。为了进行这种监督，刑事执行检查处有权吸收财政机关和税务机关参加。

2. 应从被判刑人主要工作地点的工资中扣款，在发工资时对每工作完的一个月扣款，而不论对被判刑人是否存在依照执行文书的追偿请求。

3. 在扣款时，应计算被判刑人工资的金钱部分和实物部分。所扣金额应按月划拨到相应的预算。

4. 对被判刑人依照社会保险和社会保障程序所领取的补助费、一次性给付不得进行扣款，但按照生产中不幸事故和职业病强制社会保险领取的每月保险赔付除外。

（本款由1999年7月24日第125号联邦法律、2009年6月3日第106号联邦法律修订）

5. 被判刑人暂时丧失劳动能力补助金根据其工资计算，不计算法院刑事判决规定的扣款数额。

（本款由2006年12月30日第273号联邦法律修订）

6. 在法院刑事判决撤销或变更并终止案件时，从被判刑人工资中多扣的金额应全部退还被判刑人。

7. 在被判刑人经济状况恶化时，刑事执行检查处、被判刑人本人或被判刑人工作单位的行政均有权向法院提出减少从被判刑人工资中扣款数额的请求。作出减少扣款数额的决定时，应计算被判刑人的所有收入。

第 45 条　（失效）

（本条由 2003 年 12 月 8 日第 161 号联邦法律删除）

第 46 条　违反劳动改造刑的服刑程序和条件以及恶意逃避服刑的责任

1. 下列情节是被判刑人违反劳动改造刑的服刑程序和条件的行为：

（1）自收到刑事检查处命令之日起 5 日内没有正当理由不上班；

（本项由 2003 年 12 月 8 日第 161 号联邦法律修订）

（2）没有正当理由不向刑事执行检查处报到；

（3）（失效）

（本项由 2003 年 12 月 8 日第 161 号联邦法律删除）

（4）旷工或者在醉酒、吸毒或嗜药成瘾状态下上班。

2. 被判刑劳动改造刑的被判刑人违反服刑程序和条件的，刑事执行检查处可以用书面形式提出关于将劳动改造刑改判其他刑种的警告，还可以责成被判刑人每月 2 次到刑事执行检查处登记。

（本款由 2003 年 12 月 8 日第 161 号联邦法律修订）

3. 在因本条第 1 款所载任何违法行为而宣布书面警告之后再次违反服刑程序和条件的被判刑人，以及逃离住所地而下落不明的被判刑人，是恶意逃避服劳动改造刑。

4. 对逃离住所地而下落不明的被判刑人，可以宣布通缉，拘捕后可以羁押 48 小时以下。此期限还可以由法院延长到 30 天以下。

（本款由 2003 年 12 月 8 日第 161 号联邦法律修订）

5. 对恶意逃避服劳动改造刑的人，刑事执行检查处应向法院提请依照《俄罗斯联邦刑法典》第 50 条第 4 款的规定将劳动改造刑改判其他刑种。

（本款由 2008 年 6 月 3 日第 106 号联邦法律修订）

第八章　限制自由刑的执行

第 47 条　（自 2010 年 1 月 1 日起失效）

（本条由 2009 年 12 月 27 日第 377 号联邦法律删除）

第 47 - 1 条　限制自由刑的服刑程序

（本条由 2009 年 12 月 27 日第 377 号联邦法律增补）

1. 对被判刑人服限制自由刑实行监管的专门国家机关是刑事执行检查处。

2. 被判处限制自由刑的人员住所地的刑事执行检查处应在收到法院刑事判决（裁定、裁决）副本之日起的 15 日内向被判刑人送达，被判刑人必须向刑事执行检查处报到进行登记的正式通知。被判刑限制自由人员在收到上述通知后的 3 日内必须到住所地的刑事执行检查处报到登记。刑事执行检查处应向被判刑人说明其权利和义务、服刑的程序和条件，以及违反服刑程序和条件的责任。

3. 将未服完部分的剥夺自由刑改判为限制自由刑的被判刑人和作为剥夺自由刑的附加刑被判处限制自由的人，他们从服剥夺自由刑的机构释放并应自行前往住所地，费用由联邦预算负担。改造机构的行政应将前往其住所地的命令发给被判刑人，命令应指明前往的路线和到住所地刑事执行检查处报到登记的时间，对此应立即以书面形式通知上述刑事执行检查处。如果被判刑人的个人卷宗里有关于通知被害人或其法定代理人的裁定或裁决的副本，则还应通知被害人或其法定代理人。

（本款由 2013 年 12 月 28 日第 432 号联邦法律修订）

4. 被判处限制自由刑的人员住所地的刑事执行检查处应对他进行个人登记。在登记时被判刑人应进行指纹登记和照相。

5. 刑事执行检查处在自被判处限制自由人员登记之日起的 3 日内将情况通知被判刑人住所地的内务机关。

6. 刑事执行检查处应对被判处限制自由的人员进行教育工作。社会公众的代表也可以参加对被判刑人的教育工作。

第 48 条　（自 2010 年 1 月 1 日起失效）

（本条由 2009 年 12 月 27 日第 377 号联邦法律删除）

第 49 条　限制自由期限的计算

（本条由 2009 年 12 月 27 日第 377 号联邦法律修订）

1. 作为主刑判处的限制自由的期限，自被判刑人在刑事执行检查处登记之日起计算。

2. 作为强制处分被判刑人受到羁押的时间应计入作为主刑判处的限制自由的期限，羁押 1 日折抵限制自由 2 日。当限制自由作为附加刑判处时，以及在将未服完部分的剥夺自由刑期改判限制自由时，限制自由的期限自被判刑人从改造机构释放之日起计算。在这种情况下，被判刑人从改造机构前往住所地或居留地的路途时间计入限制自由的期限，1 日折抵 1 日。

3. 被判刑人无正当理由擅自离开住所地超过一昼夜的时间

不计入限制自由的服刑期限。

第 50 条　限制自由刑的服刑程序

（本条由 2009 年 12 月 27 日第 377 号联邦法律修订）

1. 被判刑人在其住所地服限制自由刑。

2. 被判处限制自由刑的人员必须遵守法院规定的限制，并听候传唤到刑事检查处就与他服刑有关的问题作出口头或书面解释。

3. 如果法院对被判刑人未规定非经刑事执行检查处同意不得变更工作和（或）学习地点的限制，则被判刑人必须在变更工作和（或）学习地点之日起的 7 日内将情况通知刑事执行检查处。

4. 有下列特殊情形之一的，刑事执行检查处可以表示同意被判刑人离开经常住所地（居留地）一定时间，造访相应地方自治组织区域之外的一定场所，或离开相应地方自治区域外出：

（1）近亲属死亡或罹患威胁病人生命的严重疾病；

（2）被判刑人必须获得医疗救助，而在被判刑人的经常住所地（居留地）或法院规定的地区内不可能获得需要的医疗救助；

（3）由于自然灾害或其他特殊情况被判刑人不可能继续留在经常住所地（居留地）；

（4）被判刑人在法院规定的区域之外接受培训；

（5）在考入教育机构时必须进行入学考查；

（本项由 2013 年 7 月 2 日第 185 号联邦法律修订）

（6）在劳动安置时必须解决下列问题：

前往居民就业服务机关进行登记和与该机关继续协作，以便寻找合适的工作或进行失业登记，如果在法院规定的区域内没有相应的居民就业服务机关；

进行事先谈话；

进行签订劳动合同必需的强制体格检查，而检查不可能在法院规定的区域内进行；

签订劳动合同；

签订标的为完成工作和（或）提供服务的民事法律合同；

作为个体经营者进行国家注册，领取从事某种活动的执照（许可证）；

（7）行使法院不予限制的权利和履行相关义务，而又必须离开经常居住（居留地）一定时间的（实现养老保障权，接受遗产和依照俄罗斯联邦立法行使其他权利）。

（本款由 2013 年 4 月 5 日第 59 号联邦法律增补）

5. 在下列特殊情况下，刑事执行检查处对被判刑人变更经常住所地（居留地）表示同意：

（1）被判刑人的家庭状况发生变化；

（2）被判刑人或与之共同生活的近亲属获得或购买住房；

（3）被判刑人的近亲属罹患威胁病人生命的严重疾病；

（4）由于自然灾害或其他特殊情况被判刑人不可能继续在经常住所地（居留地）居住；

（5）必须获得医疗救助，而在被判刑人的经常住所地（居留地）或者在相应地方自治组织区域内的医疗机构不可能获得需要的医疗救助；

（6）被判刑人在相应地方组织区域外进行函授学习，必须进行中期考核或结业考核。

（本款由 2013 年 4 月 5 日第 59 号联邦法律增补）

6. 在下列情况下，刑事执行检查处对被判刑人变更工作和（或）学习地点表示同意：

（1）被判刑人变更经常住所地（居留地）；

（2）由于雇主变更双方规定的劳动合同条件而终止劳动合同；

（3）被判刑人与雇主签订的劳动合同期限届满；

（4）在确定雇主违反劳动立法或其他含有劳动法规范的规范性法律文件、地方性规范性文件、集体劳动合同、协议或劳动合同的情况下被判刑人主动解除劳动合同；

（5）被判刑人考入（调入）从事教育活动的单位；

（本项由 2013 年 7 月 2 日第 185 号联邦法律修订）

（6）存在妨碍继续工作和（或）学习的医学禁忌。

（本项由 2013 年 4 月 5 日第 59 号联邦法律增补）

7. 被判刑人、被判刑人的律师（法定代理人）以及被判刑人的近亲属有权向刑事执行检查处的行政提出书面申请，提出下列要求：变更被判刑人的经常住所地（居留地）；变更被判刑人的工作和（或）学习地点；被判刑人在一昼夜的一定时间离开经常住所地（居留地）；造访相应地方自治组织区域内的一定场所；被判刑人离开相应自治地方组织区域外出。申请书应该包含关于必须变更经常住所地（居留地）、变更被判刑人的工作和（或）学习地点、造访相应地方自治组织区域内的一定场所或被判刑人离开相应自治地方组织区域外出的信息材料。根据对申请进行审议的结果，刑事执行检查处应在收到书面申请之日起的 10 日内作出决定并说明所作决定的动机和理由，而以被判刑人近亲属死亡或罹患有生命危险的严重疾病的情况下，应在收到申请之日起的 3 日内作出上述决定。对刑事执行检查处的决定可以按照法定程序提出申诉。

（本款由 2013 年 4 月 5 日第 59 号联邦法律增补）

第 51 条　（自 2010 年 1 月 1 日起失效）

（本条由 2009 年 12 月 27 日第 377 号联邦法律删除）

第 52 条　（自 2010 年 1 月 1 日起失效）

（本条由 2009 年 12 月 27 日第 377 号联邦法律删除）

第 53 条　（自 2010 年 1 月 1 日起失效）

（本条由 2009 年 12 月 27 日第 377 号联邦法律删除）

第 54 条　刑事执行检查处的职责

（本条由 2009 年 12 月 27 日第 377 号联邦法律修订）

1. 刑事执行检查处对被判刑限制自由刑的人员进行登记，说明服刑的程序和条件，对被判刑人的行为进行监管并采取措施预防他们违反服刑程序，帮助被判刑人进行劳动安置，对他们进行教育工作，适用法律规定的奖励和处罚措施，向法院提请部分撤销或增加以前对被判刑人规定的限制，以及对逃避服刑的被判刑人将未服完的部分刑期改判为剥夺自由刑。

1-1. 如果限制自由是作为附加刑判处的或者是未服完部分的剥夺自由刑期改判的，对正在服限制自由刑的被判刑人应依照俄罗斯联邦立法进行行政监管，刑事执行检查处应在限制自由刑满 2 个月前将刑期届满事宜通知被判刑人住所地或居留地的内务机关。

（本款由 2011 年 4 月 6 日第 66 号联邦法律增补）

2. 本条第 1 款规定职责的履行程序由本法典、在刑罚执行领域行使制订和实现国家政策及进行规范性法律调整职能的联邦行政机关的规范性法律文件规定。

第 55 条　（自 2010 年 1 月 1 日起失效）

（本条由 2009 年 12 月 27 日第 377 号联邦法律删除）

第 56 条　（自 2010 年 1 月 1 日起失效）

（本条由 2009 年 12 月 27 日第 377 号联邦法律删除）

第 57 条　对被判处限制自由的人适用的奖励措施

（本条由 2009 年 12 月 27 日第 377 号联邦法律修订）

对被判处限制自由的人，表现良好、劳动和（或）学习态度认真的，刑事执行检查处可以适用以下奖励措施：

（1）表扬；

（2）提前撤销以前的处分；

（3）准许在相应地方自治组织区域之外度过节假日；

（4）准许离开相应地方自治组织区域外出度假。

第 58 条　违反限制自由刑的服刑程序和条件以及逃避服限制自由刑的责任

（本条由 2009 年 12 月 27 日第 377 号联邦法律修订）

1. 违反限制自由刑的服刑程序和条件是指：

（1）被判刑人没有正当理由不到刑事执行检查处报到登记；

（2）被判刑人没有正当理由不遵守法院规定的限制；

（3）被判刑人没有正当理由不听传唤到刑事检查处就与他

服刑有关的问题作出口头或书面解释；

（4）被判刑人没有正当理由不到刑事执行检查处登记；

（5）被判刑人破坏社会秩序并因而被追究行政责任；

（6）被判刑人不执行本法典第50条第3款规定的要求。

2. 对被判刑人违反限制自由刑服刑程序和条件的行为，刑事执行检查处应对他给予警告处分。在被警告处分以后的1年内，被判刑人实施本条第1款所列任何违法行为的，刑事执行检查处应对他提出不得违反法院所规定限制的严重警告。

3. 如果被判刑人违反限制自由刑的服刑程序和条件，以及在有情况证明应对被判刑人增加新的限制，刑事执行检查处的首长或其副职可以向法院提出有关的报告。

4. 恶意违反限制自由刑的服刑程序和条件是指：

（1）被判刑人在受到不得违反法院所规定限制的严重警告后的1年内又违反限制自由刑的服刑程序和条件；

（2）被判刑人拒绝使用对他采取的监管和监督的技术手段；

（3）被判刑人逃离住所地，30天以上下落不明；

（4）被判刑人不依照本法典第47-1条第3款所规定的命令到其住所地的刑事执行检查处。

5. 如果限制自由刑是作为主刑判处的，或者是依照《俄罗斯联邦刑法典》第80条将未服完部分的剥夺自由改判的，则在被判刑人恶意逃避服限制自由刑时，刑事执行检查处应向法院提请，将未服完部分的限制自由刑改判剥夺自由刑。如果限制自由刑是作为附加刑判处而被判刑人恶意逃避服刑的，则应依照俄罗斯联邦立法追究责任。

6. 对下落不明的被判刑人应宣布通缉，并在拘捕后由内务机关羁押48小时以下，以便解决本条第5款所规定的问题。上述期限还可再延长 30 昼夜以下。

7. 在被判刑人被拘捕后，如果限制自由刑是作为主刑判处的或者是未服完部分的剥夺自由改判的，则法院依照《俄罗斯联邦刑事诉讼法典》第 387 条作出关于羁押被判刑人和依照《俄罗斯联邦刑法典》第 53 条将限制自由改判为剥夺自由的决定。

第 59 条　对判处限制自由刑的人适用奖励和处罚措施的程序

（本条由 2009 年 12 月 27 日第 377 号联邦法律修订）

1. 对被判处限制自由刑的人适用奖励和处罚措施的决定以书面形式作出。

2. 在适用处罚措施时应考虑到被判刑人实施违法行为的情节、个人身份及其行为表现。给予的处罚应与违法行为的严重程度和性质相当。处罚应在发现违法行为之日起 10 日内适用，如因违纪行为需要进行调查，则在调查结束之日起的 10 日内处罚，但不得迟于违法行为实施之日起的 30 日。

3. 刑事执行检查处首长或其副职享有适用本法典规定的奖励和处罚措施的全权。

4. 如果被判刑人在受到处罚之日起的 1 年内未受到新的处罚，则认为没有受到过处罚。

5. 自适用警告之日起至少经过 3 个月，而自适用严重警告之日起至少经过 6 个月，才允许提前撤销处罚。

第 60 条　对被判处限制自由刑的人员服刑的监管

（本条由 2009 年 12 月 27 日第 377 号联邦法律修订）

1. 对被判处限制自由刑人员服刑的监管由刑事执行检查处进行。监管就是监督被判刑人的行为和遵守法院规定的限制，在必要时采取法律规定的奖惩措施。为了保证监管、预防犯罪和为了获得关于被判刑人行为表现的必要信息，刑事执行检查处有权使用视听设置、电子设备和其他监管和监控技术手段，这些手段的清单由俄罗斯联邦政府规定。使用上述技术手段的办法由在刑罚执行领域行使制订和实现国家政策及进行规范性法律调整职能的联邦行政机关规定。

2. 在进行监管时，刑事执行检查处工作人员有权在一天的任何时间（夜间除外）巡查被判刑人的住所，传唤被判刑人到刑事执行检查处谈话，以便获得被判刑人关于服刑有关的问题的口头或书面解释，以及有权要求被判刑人住所地、工作或学习地提供有关被判刑人行为表现的信息材料。

3. 实行监管的程序由在刑罚执行领域行使制订和实现国家政策及进行规范性法律调整职能的联邦行政机关会同俄罗斯联邦总检察院颁布的规范性法律文件规定。

第八·一章　强制劳动刑的执行

（本章由 2011 年 12 月 7 日第 420 号联邦法律增补）

第 60 - 1 条　强制劳动刑的服刑地点

1. 被判处强制劳动的人员在设立于被判刑人住所地和判刑地的俄罗斯联邦主体区域内的专门机构——改造中心服刑。

2. 如果被判处强制劳动的人员住所地或判刑地的俄罗斯联邦主体没有改造中心或者改造中心不可能安置被判刑人（参加劳动），则同刑事执行系统的上级管理机关协商后，将被判刑人送往有条件安置被判刑人（参加劳动）的另一俄罗斯联邦主体的改造中心服刑。

3. 作为改造中心的隔离地段，可以设立在改造机构中。设立上述地段的办法由在刑罚执行领域行使制订和实现国家政策及进行规范性法律调整职能的联邦行政机关规定。

4. 由其他刑种改判强制劳动的被判刑人，可以依照本条第2款规定的程序送往其他俄罗斯联邦主体的改造中心服刑。

第60-2条　将被判处强制劳动的人员押送到服刑地点

1. 被判处强制劳动的人员，如果在刑事判决生效时未被羁押，以及将未服完部分的剥夺自由刑期改判强制劳动的被判刑人，可以自行前往服刑地点，费用由国家负担。自行前往强制劳动刑服刑地点的被判刑人的交通费、路途食品费依照俄罗斯联邦政府规定的办法发放。

2. 被判处强制劳动人员住所地或其判刑地的刑事执行系统地区机关直接或者通过刑事罚执行机构，至迟在收到刑事判决（裁定、裁决）副本之日起的10天内向被判刑人发给前往服刑场所的命令。命令应考虑路途所必需的时间规定被判刑人必须到达服刑场所的期限。押送被判刑人前往强制劳动服刑场所的程序由在刑罚执行领域行使制订和实现国家政策及进行规范性法律调整职能的联邦行政机关规定。

3. 被判处强制劳动的人员，如在刑事判决生效时已被羁押，则依照押送被判处剥夺自由的人员的办法押送到服刑场所。在到达改造中心后，这些人员即解除羁押。

4. 如果被判处强制劳动刑的人员逃避接受本条第2款所列命令（包括不去领取命令），或者不在规定的期限内到达服刑场所，则由刑事执行系统的地区机关宣布对之进行通缉，并在拘捕后羁押 48 小时以下。这一期限可以由法院延长到 30 昼夜。

5. 在被判处强制劳动的人员羁押后，法院依照《俄罗斯联邦刑事诉讼法典》第 397 条作出羁押被判刑人和将强制劳动改判为剥夺自由的裁判。

第 60 - 3 条 强制劳动期限的计算

1. 强制劳动的期限自被判刑人到达改造中心之日起计算。

2. 作为强制处分的羁押期、押送到改造中心的路途时间以及依照本法典第 60 - 4 条准许被判刑人短期外出的时间计入强制劳动期限，羁押期、押送到改造中心的路途时间以及短期外出时间 1 日折抵强制劳动 1 日。

3. 被判刑人擅自不参加劳动或擅自离开改造中心的时间不得计入强制劳动的时间。

第 60 - 4 条 强制劳动刑的服刑程序

1. 改造中心实行改造中心内部纪律规章，该规章由在刑罚执行领域行使制订和实现国家政策及进行规范性法律调整职能的联邦行政机关会同俄罗斯联邦总检察院批准。

2. 被判处强制劳动的人员接受监管，必须做到：

（1）执行改造中心内部纪律规章的各项规则；

（2）在改造中心行政指定的地方从事劳动；

（3）常住在改造中心区域内（但本法典规定的情形除外），一般居住在被判刑人的专用宿舍，非经改造中心行政的批准，在夜间和非工作时间以及节假日不得离开上述区域；

（4）在非工作时间轮流参加改造中心的建筑物和区域的修

缮等劳动，不付报酬，上述劳动的时间每周不超过 2 小时；

（5）随身携带证明其被判刑人身份的规定格式的证件。

3. 改造中心的行政可以准许被判处强制劳动的人员离开改造中心短期外出，以解决刻不容缓的社会生活问题和其他问题，时间为 5 昼夜以下，被判刑人在居留地登记注册（俄罗斯联邦公民）或在居留地的移民局登记（外国公民或无国籍人）后方可短期外出。

（本款由 2012 年 12 月 30 日第 313 号联邦法律修订）

4. 禁止被判处强制劳动的人员获得、保管和使用俄罗斯联邦立法和改造中心内部纪律规章所列的物品和物质。如果在被判处人处发现上述物品和物质，应根据改造中心首长的决定予以没收交付保管或销毁，对有关事项应制作相应的文书。

5. 对被判处强制劳动的人员和他们居住的房屋以及对被判刑人的物品，可以进行搜查。进行搜查的理由和程序由在刑罚执行领域行使制订和实现国家政策及进行规范性法律调整职能的联邦行政机关规定。

6. 被判刑强制劳动的人员，如果没有违反内部纪律规章并服完 1/3 以上刑期，由本人的申请，根据改造中心首长的决定，准许在改造中心所在的地方自治区域内在租赁房屋或自有房屋中与家属同居。上述被判刑人必须每月 4 次到改造中心报到。登记的日期由改造中心首长的决定规定。

7. 对被判刑强制劳动的人员，如果没受过处分，由本人申请，机构的行政可以根据改造中心首长的决定准许离开改造中心，期限为每年的带薪休假。

8. 允许被判处强制劳动的人员参加改造中心所在地方自治组织区域内的职业教育机构和高等教育机构的函授学习。

（本款由 2013 年 7 月 2 日第 185 号联邦法律修订）

第 60 - 5 条　被判处强制劳动人员的物质生活保障

1. 改造中心的宿舍向被判处强制劳动的人员提供床铺和卧具。每个被判处强制劳动的人居住面积不得少于 4 平方米。

2. 被判处强制劳动人员的衣服、鞋子以及伙食由个人负担费用，但个人防卫用品除外。如果被判处强制劳动的人员个人无法负担衣服、鞋子和伙食费用，则其衣服、鞋子和伙食按俄罗斯联邦政府规定的标准并依照在刑罚执行领域行使制订和实现国家政策及进行规范性法律调整职能的联邦行政机关规定的办法由联邦预算资金负担。

（本款由 2014 年 6 月 23 日第 163 号联邦法律修订）

2 - 1. 被判处强制劳动的人员每月以自己的资金补偿改造中心用于生活服务和保管财物的费用，数额以改造中心当月实际发生的费用为限。被判处强制劳动的人员如果没有资金，则改造中心的上述费用不予补偿。

（本款由 2014 年 6 月 23 日第 163 号联邦法律修订）

3. 被判处强制劳动的人员在改造中心有权持有金钱和花费金钱，有权购买、保管和使用一切物品、制品和物质，但俄罗斯联邦立法和改造中心内部纪律规章规定的物品、制品和物质除外。

4.（失效）

（本款由 2014 年 6 月 23 日第 163 号联邦法律删除）

第 60 - 6 条　被判处强制劳动人员的医疗卫生保障

被判处强制劳动人员的医疗和卫生救助依照俄罗斯联邦健

康保护立法和本法典规定的服刑程序进行。

第60-7条 被判处强制劳动人员的劳动安置

1. 每个被判处强制劳动的人员必须在改造中心行政规定的场所和工作岗位上参加劳动。改造中心的行政必须考虑他们的性别、年龄、劳动能力、健康状况和（尽可能地）考虑其专业并根据现有工作岗位吸收他们参加劳动。被判处强制劳动的人员可以在任何组织法形式的单位参加劳动。

2. 对使用被判处强制劳动人员工作的单位，依照俄罗斯联邦税收立法给予纳税方面的优惠。

3. 单位有权向改造中心行政询问并获得为被判处强制劳动人员创造劳动安置工作岗位所必需的信息。

第60-8条 被判处强制劳动人员的劳动条件

1. 被判处强制劳动的人员依照俄罗斯联邦劳动立法参加劳动，但关于招工、解除工作、调动工作、拒绝完成工作以及休假的规则除外。

2. 出于生产需要或根据医疗鉴定结论，被判刑人工作单位的行政会同改造中心的行政并尽可能征求被判刑人本人的意见可以调动被判处强制劳动人员的工作。

3. 被判处强制劳动的人员无权拒绝指派给他的工作。

4. 在服强制劳动刑期间，由被判刑人参加劳动的单位的行政会同改造中心的行政提供18天的带薪年度休假。被判刑人在服强制劳动刑满6个月之后方有权获得带薪年度休假。至少提前两星期通知被判刑人开始休假的时间，被判刑人应出具收条。

5. 被判处强制劳动的人员，如果没有工作，则不提供带薪的年休假。

第60-9条　被判处强制劳动人员工作单位的行政的义务

1. 被判处强制劳动的人员工作单位的行政，应保证根据其健康状况和职业技能、接受职业培训的情况或按照熟练工作和职员培养大纲按受中等职业教育等情况安排他们的工作。

（本款由2013年7月2日第185号联邦法律修订）

2. 被判处强制劳动的人员工作单位的行政不得解除他们的工作，但下列情形除外：

（1）依照俄罗斯联邦立法规定的根据免于服刑；

（2）被判刑人被调到另一单位工作或调到另一改造中心；

（3）强制劳动改判为剥夺自由；

（4）被判刑人由于健康状况不能完成该项工作或者工作量减少。

第60-10条　从被判处强制劳动的人员工资中扣款

1. 从被判处强制劳动的人员的工资中应依照法院的刑事判决规定的数额扣款。

（本款由2014年6月23日第163号联邦法律修订）

2. 被判处强制劳动的人员补偿其生活费用在依照2007年10月2日第229号联邦法律《执行程序法》规定的程序在满足追索人的所有请求后进行。

3. 在改造中心，向被判处强制劳动的人员至少发给其工资的25%。

4. 被判处强制劳动的人员在其物质状况恶化时有权向法院申请降低工资扣款的数额。关于降低扣款数额的决定应考虑被判处强制劳动人员的所有收入后作出。

第60-11条 改造中心行政的义务

1. 改造中心的行政对被判处强制劳动的人员进行登记，对俄罗斯联邦公民在其居留地进行注册和撤销注册，对判处强制劳动的外国公民的无国籍人进行移民注册和撤销注册；说明服刑的程序和条件；组织被判处强制劳动人员的日常生活安置；保障服刑程序和条件得到遵守；对判刑人实行监管并采取措施预防违反服刑程序和条件的行为；开展被判刑人的教育工作；实施本法典第60-13条和第60-14条规定的奖励措施和处罚措施；对被判强制劳动人员的释放进行准备。

（本款由2012年12月30日第313号联邦法律修订）

2. 履行本条第1款所规定义务的程序由本法典以及在刑罚执行领域行使制订和实现国家政策及进行规范性法律调整职能的联邦行政机关的规范性法律文件规定。

第60-12条 被判处强制劳动人员的教育工作

1. 被判处强制劳动人员的教育工作由改造中心的行政进行。

2. 被判处强制劳动的人员积极参加教育活动的，应予以奖励并在依照本法典第60-13条和第60-14条对他们适用奖励和处罚措施时予以考虑。

3. 被判处强制劳动人员的教育工作应考虑他们的个人特点和所实施犯罪的情节进行。

第60-13条 对被判处强制劳动人员的奖励措施

被判处强制劳动的人员行为表现良好和认真对待劳动的，

改造中心的行政可以适用以下奖励措施：

（1）进行表扬；

（2）提前撤销原来的处分；

（3）允许在节假日离开改造中心外出，但不得超出改造中心所在自治地方组织的区域。

第60－14条　对被判处强制劳动人员的处罚措施

对被判处强制劳动的人员，违反服刑程序和条件的，改造中心的行政可以适用下列处罚措施：

（1）警告；

（2）撤销在宿舍外居住的权利；

（3）关进违法人员禁闭室15天以下。

第60－15条　违反强制劳动刑的服刑程序和条件

1. 下列行为是违反强制劳动刑的服刑程序和条件：

（1）破坏社会秩序，被判刑人被追究行政责任；

（2）违反劳动纪律；

（3）违反对被判刑人员规定的改造中心居住规则；

（4）被允许在改造中心之外居住的被判刑人没有正当理由不在改造中心注册。

2. 有下列情形之一的，是恶意违反强制劳动刑服刑程序和条件：

（1）饮酒、吸食麻醉品或精神药物；

（2）轻微流氓行为；

（3）不服从或侮辱改造中心行政的代表，但不含有犯罪构成要件的；

（4）制作、保管或移交被禁止的物品和物质；

（5）组织罢工或其他团伙性不服从命令的行动，或参与罢工或上述行动；

（6）拒绝劳动；

（7）没有正当理由擅自离开改造中心区域；

（8）不按时（超过 24 小时）返回服刑场所。

3. 被判处强制劳动的人员实施恶意违反服刑程序和条件的，以及在一年内 3 次以上实施本条第 1 款规定的行为的，应由改造中心首长根据改造中心纪律委员会的报告作出决定，认定他是恶意违反服刑程序和条件恶意违反服刑程序和条件。

4. 《改造中心纪律委员会示范条例》由在刑罚执行领域行使制订和实现国家政策及进行规范性法律调整职能的联邦行政机关批准。

5. 对被判处强制劳动的人员，如被认定恶意违反服刑程序和条件的，改造中心首长应向法院提交建议将未服完部分的刑期改判剥夺自由的报告。

6. 自提交本条第 5 款报告之日起直至法院作出裁判之时，改造中心的行政会同检察长可以将被判处强制劳动人员关入违法人员禁闭室。

第 60 - 16 条 对被判处强制劳动的人员适用奖励和处分措施的程序

1. 关于对被判处强制劳动的人员适用本法典第 60 - 13 条和 60 - 14 条规定的奖励和处罚措施的决定，应以书面形式作出。

2. 在对被判处强制劳动的人员适用本法典第 60 - 14 条规定的处罚措施时，应该考虑实施违法行为的情节、个人情况和此前的行为表现。适用的处罚应该与所实施的违纪行为的严重程度和性质相当。处罚应在发现违法行为之日起的 10 日内适用，而如果对违法行为事实进行审查，则在检查结束后适用，但不得迟于发现违法行为之日起的 30 日。处罚应立即执行，而如果被判刑人患病、离开改造中心外出以及在其他特殊情况下，则在课处之日起的 30 日内执行。

3. 如果现有的信息材料不足以作出适用处罚的决定，则应根据改造中心首长的决定对被判处强制劳动人员所实施违法行为的事实进行审查。

4. 如果被判处强制劳动的人员违反强制劳动刑的服刑程序和条件，则可以将他关入违法人员禁闭室，直到解决对他适用处罚的问题，但关押时间不得超过 24 小时。

5. 如果被判处强制劳动人员在处罚执行完毕之日起的 1 年内没有受到新的处罚，则他被认为没有受到过处罚。

6. 改造中心首长及其副职享有适用本法典第 60 - 13 条和第 60 - 14 条规定的奖励和处罚的全权。

第 60 - 17 条　逃避服强制劳动刑

1. 有下列情形之一的，被判处强制劳动人员被认为是逃避服强制劳动刑：

（1）逃避接受本法典第 60 - 2 条第 2 款所列命令的；

（2）不在命令规定的期限内到达强制劳动刑服刑场所的；

（3）外出期限届满后不返回改造中心的；

（4）擅自离开改造中心、改造中心行政所指定的劳动地点和（或）住所地点超过 24 小时的。

2. 对逃避服强制劳动刑的被判刑人（逃避接受本法典第

60－2 条第 2 款所列命令的被判刑人和不在命令规定的期限内到达强制劳动服刑场所的被判刑人除外)，由改造中心的行政宣布通告通缉并应在拘捕后羁押 48 小时以下。该期限可以由法院延长到 30 日。

3. 对逃避服强制劳动刑的被判刑人，改造中心首长应向法院提请将未服完部分的强制劳动刑期改判剥夺自由刑。自向法院提交上述报告之日起直至法院作出裁判止，被判处强制劳动的人员应该关入违法人员禁闭室。

第 60－18 条　对被判刑强制劳动人员的监管和预防违反强制劳动刑服刑程序和条件的措施

1. 对被判处强制劳动刑的人员服刑的监管由改造中心的行政进行。监管就是对被判刑人在改造中心和在劳动场所以及其他场所的行为表现进行看管和监督。进行监管的程序由在刑罚执行领域行使制订和实现国家政策及进行规范性法律调整职能的联邦行政机关规定。

2. 如果被判处强制劳动人员的行为对周围人群和被判刑人本人的生命或健康构成威胁，以及为了预防他实施违法行为，根据改造中心行政的决定，可以将被判刑人安置到安全房屋内进行 24 小时以下的短期关押。

第 60－19 条　监管和监督的技术手段

1. 改造中心的行政有权使用监管和监督的音像手段、电子手段和其他技术手段，以预防犯罪，预防违反强制劳动刑的服刑程序和条件以及获得有关被判处强制劳动人员的信息材料。

2. 改造中心的行政必须将使用监管和监督技术手段的事宜

通知被判处强制劳动的人员，并由他们出具收条。

3. 监管和监督技术手段的清单由俄罗斯联邦政府规定。适用监管和监督技术手段的程序由在刑罚执行领域行使制订和实现国家政策及进行规范性法律调整职能的联邦行政机关规定。

第60-20条　被判处强制劳动人员的物质责任

1. 如果被判处强制劳动的人员在服强制劳动刑期间给国家或自然人和法人造成了物质损失，则他们必须依照俄罗斯联邦立法规定的程序和数额承担物质责任。

2. 被判处强制劳动的人员应赔偿因为其过错对改造中心造成的直接实际损失。

3. 如果造成物质损失所扣除的金额不正确，则应依照俄罗斯联邦立法规定的程序退还给被判处强制劳动的人员。

第60-21条　被判处强制劳动人员的强制社会保险

1. 被判处强制劳动的人员，如果被吸收参加劳动，则应依照俄罗斯联邦政府规定的办法进行强制社会保险。

2. 被判处强制劳动的人员，在服强制劳动刑期间丧失劳动能力的，有权在俄罗斯联邦立法规定的情况下并依照俄罗斯联邦立法规定的程序赔偿损失。

3. 被判处强制劳动的人员，如果被吸收参加劳动，必须依照俄罗斯联邦立法进行强制养老保险。

第九章 附加刑的执行

第61条 关于剥夺专门称号、军衔或荣誉称号、职衔和国家奖励的法院刑事判决的执行

1. 作出关于剥夺专门称号、军衔或荣誉称号、职衔或国家奖励的刑事判决的法院,应在判决生效后将判决的副本发送给对被判刑人授予上述称号、军衔、职衔或国家奖励的公职人员。

2. 公职人员应按规定程序在有关文件中作关于剥夺被判刑人专门称号、军衔或荣誉称号、职衔或国家奖励的记载,以及采取措施剥夺具有相应称号、军衔、职衔或奖励的人员所享有的权利和优惠。

3. 法院对军人的刑事判决的副本应发送给兵役登记地的军事委员会。

4. 公职人员在收到刑事判决副本之日起的一个月内应将判决的执行情况通知作出判决的法院。

第62条 (失效)

(本条由2003年12月8日第161号联邦法律删除)

第63条 (失效)

(本条由2003年12月8日第161号联邦法律删除)

第64条 (失效)

(本条由2003年12月8日第161号联邦法律删除)

第65条 （失效）

（本条由 2003 年 12 月 8 日第 161 号联邦法律删除）

第66条 （失效）

（本条由 2003 年 12 月 8 日第 161 号联邦法律删除）

第67条 （失效）

（本条由 2003 年 12 月 8 日第 161 号联邦法律删除）

第三编　拘役刑的执行

第十章　拘役刑的执行程序和条件

第68条　拘役刑的服刑场所

1. 被判处拘役的人在判刑地的拘留所服刑。

2. 被判刑人一般在一个拘留所服满整个刑期。

3. 在被判刑人患病时，或者为了保障其人身安全，以及在妨碍继续在该拘留所服刑的其他特殊情况下，允许将被判刑人从一个拘留所移送到另一个拘留所。

第69条　拘役刑的执行程序和条件

1. 被判处拘役的人应在严格隔离的条件下关押。下列各种人应与其他各种被羁押的人员隔离并分开关押：被判刑的男子，被判刑的妇女，以及以前在改造机构服过刑的被判刑人和有前科的被判刑人。

（本款由2014年11月24日第371号联邦法律修订）

2. 对被判刑人适用本法典对被判处剥夺自由并在监狱的普通管束条件下服刑的人所规定的关押条件。被判刑人不准接受探视，但会见律师和其他有权提供法律帮助的人除外；不准接收包裹、转交物品和印刷邮件，但日用必需品和应季衣物除外。不对被判刑人进行普通教育、职业教育和职业培训；不许在无人押解下进行转移。被判刑人有权每月购买400卢布的食品和生活必需品。

（本款由 2009 年 2 月 14 日第 23 号联邦法律、2013 年 7 月 2 日第 185 号联邦法律修订）

3.（失效）

（本款由 2014 年 11 月 24 日第 371 号联邦法律删除）

4. 被判刑人有权享有每天不少于 1 小时的放风。

（本款由 2014 年 11 月 24 日第 371 号联邦法律修订）

5. 在个人特殊情况下可以准许被判处拘役的人与亲友通电话。

第 70 条　吸收被判处拘役刑的人参加劳动

拘留所的行政有权吸收被判刑人无偿参加拘留所内的庶务性工作，每周劳动时间不超过 4 小时。

第 71 条　对被判处拘役刑的人适用的奖励和处罚措施

1. 被判处拘役刑的人如表现良好，可以对他们适用以下奖励措施：表扬、提前撤销处分或准许打电话。

2. 被判处拘役的人如违反服刑程序，可以对他们适用以下处罚措施：警告或关入处罚隔离室，时间为 10 日以下。

3. 对被判刑人适用奖励措施和惩罚措施的程序由本法典第 114 条和第 117 条调整。

第 72 条　被判处拘役刑的人的物质生活保障和医疗服务

1. 被判处拘役的人的物质生活保障按照为被判处剥夺自由并在监狱中普通管束制度条件下服刑的人所规定的标准进行。

（本款由 2014 年 11 月 24 日第 371 号联邦法律修订）

2. 被判刑人有权获得医疗救助。

第四编　剥夺自由刑的执行

第十一章　剥夺自由刑执行的一般规定

第 73 条　剥夺自由刑的服刑场所

1. 被判处剥夺自由的人，除本条第 4 款规定的以外，在其住所地或判刑地的俄罗斯联邦主体境内的改造机构服刑。在特殊情况下，根据被判刑人的健康状况，或为了保障其人身安全，或经其本人同意，被判刑人可以被移送到俄罗斯联邦其他主体境内的相应改造机构服刑。

（本款由 2005 年 5 月 9 日第 47 号联邦法律修订）

2. 如果被判刑人住所地或被判刑地的俄罗斯联邦主体内没有相应种类的改造机构或者不可能将被判刑人安置在现有的改造机构内，在与刑事执行系统上级管理机关协商后将被判刑人移送到有条件安置他们的俄罗斯联邦其他主体境内的改造机构。

（本款由 2007 年 7 月 19 日第 142 号联邦法律修订）

3. 被判刑的妇女和未成年被判刑人应分别在相应改造机构所在地服刑。

（本款由 2005 年 5 月 9 日第 47 号联邦法律、2007 年 7 月 19 日第 142 号联邦法律修订）

4. 因实施《俄罗斯联邦刑法典》第 126 条、第 127 − 1 条第 2 款和第 3 款、第 205 条 ~ 第 206 条、第 208 条 ~ 第 211 条、第 275 条、第 277 条 ~ 第 279 条、第 281 条、第 282 − 1 条、第 282 − 2 条、第 317 条、第 321 条第 3 款、第 360 条第 2 款所规定犯罪

而被判刑的人、特别危险的累犯、被判处终身剥夺自由的人、被判处在监狱服剥夺自由刑的人、通过特赦程序死刑改判为剥夺自由的人，应押送到刑事执行系统机关所规定的地点的相应改造机构服刑。

（本款由 2005 年 5 月 9 日第 47 号联邦法律增补，2011 年 6 月 27 日第 159 号联邦法律修订）

第 74 条　改造机构的种类

1. 改造机构是：改造营、教养营、监狱、医疗性改造机构。对于留在侦查羁押所庶务性工作的被判刑人、法院刑事判决已经生效并应押送到改造机构服刑的被判刑人、从一个服刑场所调转移到另一服刑场所的被判刑人、依照本法典第 77－1 条留地侦查羁押所的被判刑人或才到另一侦查羁押所的被判刑人，以及对于刑期不超过 6 个月并经本人同意留在侦查羁押所的被判刑人，侦查羁押所行使改造机构的职能。

（本款由 2003 年 12 月 8 日第 161 号联邦法律、2010 年 4 月 5 日第 56 号联邦法律修订）

2. 改造营为被判处剥夺自由的成年人服刑而设立。改造营分为改造村、普通管束制度的改造营、严格管束制度的改造营、特别管束制度的改造营。改造营可以设立不同管束制度的隔离区以及行使监狱职能的隔离区。上述隔离区的设立、运作和撤销的程序由在刑罚执行领域行使制订和实现国家政策及进行规范性法律调整职能的联邦行政机关规定。

（本款由 2013 年 7 月 23 日第 229 号联邦法律修订）

3. 在改造村服刑的是：因实施过失犯罪、故意实施轻罪或中等严重犯罪的被判处剥夺自由刑的人，以及依照本法典第 78

条第 2 款第 3 项和第 4 项规定的根据和程序从普通管束制度的改造营和严格管束制度的改造营移送来的被判刑人。

（本款由 2001 年 3 月 9 日第 25 号联邦法律、2009 年 6 月 3 日第 106 号联邦法律修订）

4. 在普通管束制度的改造营服刑的是：本条第 5 款、第 6 款和第 7 款所列以外的被判刑男子，以及被判刑妇女。

（本款由 2003 年 12 月 8 日第 161 号联邦法律修订）

5. 在严格管束制度的改造营服刑的是：因实施特别严重的犯罪而初次被判处剥夺自由的男子、此前服过剥夺自由刑的累犯和危险的累犯。

（本款由 2003 年 12 月 8 日第 161 号联邦法律修订）

6. 在特别管束制度的改造营服刑的是：特别危险的男性累犯，被判处终身剥夺自由的人，以及被判处死刑获得特赦而改判有一定期限剥夺自由或终身剥夺自由的人。

7. 因特别严重的犯罪而被判剥夺自由超过 5 年的人，特别危险的累犯，以及恶意违反服刑程序而从改造营移送来的被判刑人，在监狱服刑。

8. 本法典第 101 条第 2 款规定的被判刑人在医疗性改造机构和医疗预防机构服刑。医疗预防机构对安置到其中的被判刑人行使改造机构的职能。在医疗性改造机构和医疗预防机构可以设立行使改造营职能的隔离区。上述隔离区设立、运作和撤销的程序由在刑罚执行领域行使制订和实现国家政策及进行规范性法律调整职能的联邦行政机关规定。

（本款由 2001 年 3 月 9 日第 25 号联邦法律、2008 年 12 月 3 日第 235 号联邦法律、2013 年 7 月 23 日第 219 号联邦法律修订）

9. 在教养营服刑的是被判剥夺自由的未成年人，以及被留在教养营内直至年满 19 岁的人。教养营内可以设立行使普通管束制度改造营职能的隔离区，以关押在服刑期间年满 18 岁的被判刑人。上述隔离区设立、运作和撤销的程序由在刑罚执行领域行使制订和实现国家政策及进行规范性法律调整职能的联邦行政机关规定。

（本款由 2003 年 12 月 8 日第 161 号联邦法律、2008 年 11 月 8 日第 194 号联邦法律、2008 年 12 月 22 日第 261 号联邦法律、2013 年 7 月 23 日第 219 号联邦法律修订）

第 75 条　押送被判处剥夺自由的人去服刑

1. 被判刑人应在侦查羁押所的行政收到关于法院刑事判决生效的通知之日起的 10 日内被押送去服刑。在此期间，被判刑人有权接受亲属或其他人的短期探视。押送被判刑人去改造机构服刑的程序由在刑罚执行领域行使制订和实现国家政策及进行规范性法律调整职能的联邦行政机关规定。

（本款由 1998 年 7 月 21 日第 117 号联邦法律、2008 年 11 月 8 日第 194 号联邦法律修订）

2. 侦查羁押所的行政，应根据被判刑人的选择，向被判刑人的一位亲属通知被判刑人将被押往何处服刑。

第 75 - 1 条　押送被判刑人到改造村服刑

（本条由 2008 年 12 月 22 日第 271 号联邦法律增补）

1. 刑事执行系统的区域机关应在收到法院刑事判决（裁定、裁决）副本之日起的 10 日内，向被判处剥夺自由刑并在改造村服刑的人送达押送到服刑场所的命令，并保证将他押送到改造村。上述命令中应考虑路途时间规定被判刑人应该到达服刑场所的期限。押送被判刑人到改造村的程序由在刑罚执行领域行使制订和实现国家政策及进行规范性法律调整职能的联邦行政机关规定。

2. 被判刑人自行前往改造村的，费用由国家负担。路费的给付、食品费或路途费用的保障由刑事执行系统的区域机关依照俄罗斯联邦政府规定的办法进行。

3. 服刑期自被判刑人到达改造村之日起算。同时，被判刑人依照本条第 1 款规定的命令到达服刑场所的路途时间计入服刑期，1 日折抵 1 日。

4. 如果被判刑人逃避侦查和审判、违反强制措施或在俄罗斯联邦境内没有经常住所地，则根据法院决定，可以对被判刑人进行羁押，并依照本法典第 75 条和第 76 条规定的程序押送到改造村。

5. 被判刑人在法院作出刑事判决之前被羁押的，以及依照本法典第 78 条第 2 款第 3 项和第 4 项变更改造机构种类的，应依照本法典第 75 条和第 76 条规定的程序押送到改造村。

6. 如果被判刑人逃避接受本条第 1 款所列命令，或者在命令规定的期限内不到达服刑场所，对被判刑人应宣布通缉，拘捕后应关押 48 小时以下。该期限还可以延长 30 昼夜以下。

7. 在被判刑人被拘捕后，法院依照《俄罗斯联邦刑事诉讼法典》第 396 条第 4 - 1 款和第 397 条第 18 - 1 款作出羁押被刑人的决定以及依照本法典第 75 条和第 76 条将被判刑人押送到改造村的决定，或者法院依照本法典第 78 条第 4 - 1 款作出变更改造机构种类的决定。在这种情况下，服刑期自拘捕之日起计算。

8. 如果法院认定被判刑人不领取本条第 1 款所规定的命令

或不在规定期限到达服刑场所的理由是正当的，则被判刑人应按本条第 1 款和第 2 款规定的程序前往改造村。

第 76 条　被判处剥夺自由的人的押送

1. 被判处剥夺自由刑的人前往服刑场所以及从一个服刑场所到另一个服刑场所，均应由押解人员押送，但依照本法典第75－1 条第 1 款和第 2 款自行前往改造村的情形除外。

2. 押送被判刑人应遵守男女分开关押、未成年人与成年人分开关押、死刑犯与其他各种被判刑人分开关押、因共同犯罪而被判刑的人分开关押的规则。患有开放性结核病或未做完花柳病全部疗程的被判刑人，患有不排除刑事责任能力的精神病的被判刑人，已感染艾滋病病毒的被判刑人应分别押送并同健康的被判刑人分开押送，而在必要时，根据医生的诊断书，还要有医务人员随行。

（本款由 2001 年 3 月 9 日第 25 号联邦法律修订）

3. 在押送被判刑人时，应保障他们享有必要的物质生活条件和卫生条件。

4. 在押送被判刑人时，应保障他们的应季衣物以及在押解全程按为被判刑人规定的标准供应伙食。

5. 押送被判刑人的费用由国家负担。

6. 押送被判刑人的程序由依照本法典通过的规范性法律文件规定。

7. 为了暂时关押去服刑场所的和从一个服刑场所转到另一服刑场所的被判刑人，改造机构和侦查羁押所可以设立运转站。被判刑人在运送点内的关押条件与法院刑事判决、裁定或法官裁决规定的改造机构的服刑条件相同，并遵守本条第 2 款规定的要求。被判刑人在运送站关押的最长期限为不超过 20 日。运送站的设立、运作的撤销的程序由在刑罚执行领域行使制订和实现国家政策及进行规范性法律调整职能的联邦行政机关规定。

（本款由 2012 年 5 月 3 日第 45 号联邦法律修订）

第 77 条　将被判处剥夺自由刑的人留在侦查羁押所或监狱完成庶务性工作

（本条由 1999 年 3 月 16 日第 49 号联邦法律修订）

1. 在特殊情况下，被判处剥夺自由刑的人，如果以前未在普通营束制度的改造营服过剥夺自由刑，经他们本人的同意，可以留在侦查羁押所或监狱完成庶务性工作。

2. 将被判刑人留在侦查羁押所或监狱完成庶务性工作由侦查羁押所所长或监狱长决定，并须有被判刑人的书面同意。

3. 被留在侦查羁押所或监狱完成庶务性工作的被判刑人，应同其他人员分开，依照本法典为普通管束制度的改造营规定的条件，关押在不上锁的公共牢房中，并享有每天 2 小时放风的权利。

4～7.（删除）

（以上几款由 1999 年 3 月 16 日第 49 号联邦法律删除）

第 77－1 条　吸收被判剥夺自由刑的人参加侦查行为或法庭审理

（本条由 1999 年 3 月 16 日第 49 号联邦法律增补、2003 年 12 月 8 日第 161 号联邦法律修订）

1. 被判处剥夺自由刑并在改造营、教养营或监狱服刑的人员，如果有必要作为证人、被害人、犯罪嫌疑人（刑事被告人）

参加侦查行为，则可以根据俄罗斯联邦主体的俄罗斯联邦侦查委员会侦查机关领导人或其副职或与他们同级的专门侦查机关领导人或其副职、有关联邦行政机关的（相应联邦行政机关附设的）俄罗斯联邦主体区域侦查机关领导人或其副职的决定留在侦查羁押所或从上述改造机构移送到侦查羁押所，期限为 3 个月以下；也可以根据调查人员的决定并经俄罗斯联邦主体检察长或其副职或者与之同级的检察长或其副职的同意而留在侦查羁押所或从上述改造机构移送到侦查羁押所，期限为不超过 2 个月；而经俄罗斯联邦总检察长同意的，期限为 3 个月以下。

（本款由 2003 年 12 月 8 日第 161 号联邦法律、2007 年 7 月 24 日第 214 号联邦法律、2010 年 12 月 28 日第 404 号联邦法律修订）

2. 被判刑人有必要作为证人、被害人、刑事被告人参加法庭审理时，被判刑人可以根据法院裁定或法官裁决留在侦查羁押所或改造营、教养营或监狱移送到侦查羁押所。

（本款由 2003 年 12 月 8 日第 161 号联邦法律修订）

3. 在本条第 1 款和第 2 款规定的情况下，依照 1995 年 7 月 15 日第 103 号联邦法律《犯罪嫌疑人和刑事被告人羁押法》规定的程序和按照他们在法院刑事判决规定的改造机构的服刑条件关押在侦查羁押所。被判刑人作为犯罪嫌疑人（刑事被告人）被吸收参加侦查或法庭审理时的控视权依《犯罪嫌疑人和刑事被告人羁押法》规定的办法。被判刑人作为证人或被害人被吸收参加侦查或法庭审理时，在改造机构所在区域内或该区域外的长期探视权、未成年被判刑人离开改善营所在区域的短期探视权依照本法典第 89 条第 3 款改为短期探视权或通电话的权利。

（本款由 2010 年 4 月 5 日第 46 号联邦法律修订）

4. 侦查行为和法庭审理结束后，本条第 1 款和第 2 款所列被判处剥夺自由刑的人，如果法院没有变更改造机构的种类，则应移送回他们原来服刑的改造营、教养营或监狱。

（本款由 2014 年 5 月 5 日第 104 号联邦法律修订）

第 77 - 2 条　被判处剥夺自由的人另案被追究刑事责任时的羁押期

（本条由 1999 年 3 月 16 日第 49 号联邦法律修订）

如果被判处剥夺自由的人另案被追究刑事责任并对他选择了羁押作为强制处分，则他在侦查羁押所关押的期限依照俄罗斯联邦刑事诉讼立法的规定。

第 78 条　改造机构种类的变更

1. 根据被判刑人在整个服刑期间的表现和劳动态度，可以变更被判刑人服刑的改造机构的种类。

（本款由 2014 年 5 月 5 日第 104 号联邦法律修订）

2. 表现良好的被判刑人可以按下列办法移送以继续服刑：

（1）被判刑人在监狱至少服完法院刑事判决所判处刑期一半的，从监狱移送到改造营；

（2）被判刑人在特殊管束制度的改造营至少服完法院刑事判决所判处刑期一半的，从特别管束制度的改造营移送到严格管束制度的改造营；

（本项由 2001 年 3 月 9 日第 25 号联邦法律增补）

（3）被判刑人在宽松关押条件下至少服完刑期的 1/4 的，从普通管束制度的改造营移送到改造村；

（本项由 2003 年 12 月 8 日第 161 号联邦法律修订）

（4）被判刑人至少服完 1/3 的刑期的；在服剥夺自由刑时被假释而在未服完的那部分刑期中又犯新罪的人，至少服完刑期的一半；而实施特别严重犯罪被判刑的人，至少服完刑期的 2/3，从特别管束制度的改造营移送到改造村；

（本项由 2003 年 12 月 8 日第 161 号联邦法律增补）

2－1. 为变更改造机构所规定的服刑期，自被判刑人被羁押时起计算。

（本款由 2003 年 12 月 8 日第 161 号联邦法律增补）

2－2. 可以被变更改造机构的被判刑人以及他的律师（法定代理人）有权向法院提出要求变更改造机构种类的申请。被判刑人应该通过他依照本法典第 81 条服刑的改造机构或机关的行政递交要求变更改造机构种类的申请书。该改造机构或机关的行政应在被判刑人要求变更改造机构的申请递交之日起的 10 日内，将该申请和对被判刑人的评语一并送交法院。评语应该包括被判刑人在整个服刑期间的行为表现、对劳动的态度、对自己所实施犯罪行为的认识以及被判刑人是否部分或完全赔偿了犯罪造成的损失或以其他方式弥补了犯罪造成的损害。对于根据司法精神病学鉴定被认为患有不排除刑事责任的性变态（恋童癖）并因实施对不满 14 岁的未成年人的性侵害而在 18 岁以上被判刑的人，在评语中还应该包含对被判刑人适用医疗性强制措施的情况和被判刑人对治疗的态度。对于这种被判刑人，在向法院递交申请的同时，还应同时提交主治医生的结论。

（本款由 2014 年 5 月 5 日第 104 号联邦法律增补）

3. 被判刑人依照本法典第 81 条在其中服刑的刑罚执行机构的行政，依照本条第 4 款向法院提交关于变更表现良好的被判刑人改造机构的报告。关于变更改造机构的报告应该包含以下内容：被判刑人整个服刑期间的行为表现、他对劳动的态度，对自己所实施犯罪行为的认识以及被判刑人是否部分或完全赔偿了犯罪造成的损失或以其他方式弥补了犯罪造成的损害。对于根据司法精神病学鉴定被认为患有不排除刑事责任的性变态（恋童癖）并因实施对不满 14 岁的未成年人的性侵害而在 18 岁以上被判刑的人，报告还应该包含对被判刑人适用医疗性强制措施的情况和被判刑人对治疗的态度，同时还应提交主治医生的结论。

（本款由 2012 年 12 月 1 日第 208 号联邦法律增补，2014 年 5 月 5 日第 104 号联邦法律修订）

4. 下列被判刑人不得移送到改造村服刑：

（1）特别危险的累犯；

（2）被判处终身剥夺自由获得特赦而改判有一定期限剥夺自由的人；

（3）被判处死刑而被特赦改判剥夺自由的人；

（4）未经过强制医疗，以及需要在封闭的医疗机构进行专门治疗的被判刑人；

（5）对移送到改造村不表示书面同意的被判刑人。

5. 恶意违反规定的服刑程序的被判刑人，可以按下列办法移送：

（1）从改造村移送到法院以前判决的那种改造营；

（2）从被判刑人依照法院判决被押送到的改造村移送到普通管束制度的改造营；

（3）从普通管束制度的改造营、严格管束制度和特别管束制度的改造营移送到监狱，期限不超过 3 年，并在移送到监狱之前所在的那种管束制度的改造营中服完尚未服完的那部分刑期。被判处终身剥夺自由刑的人、死刑改判为终身剥夺自由刑的被判刑人以及被判刑的妇女，不得移送到监狱。

（本项由 2001 年 3 月 9 日第 25 号联邦法律、2005 年 4 月 1 日第 28 号联邦法律修订）

5 - 1. 被判处剥夺自由并在改造村服刑的人，如逃避接受本法典第751 条第 1 款规定的命令，或者不在命令规定的期限内到达服刑场所，则改造机构的种类不得变更为普通管束制度的改造营。

（本款由 2008 年 12 月 22 日第 271 号联邦法律增补）

6. 改造机构的变更由法院进行。

第 79 条　改造机构接受被判处剥夺自由的人

1. 改造机构接受被判处剥夺自由的人由改造机构的行政依照《改造机构内部规章》规定的程序进行。

2. 被判刑人在到达改造机构后，应关押在检疫隔离所，期限为 15 日以下。在检疫隔离所期间，被判刑人按普通服刑条件关押。

第 80 条　被判处剥夺自由的人在改造机构中分开关押

1. 在改造机构中，被判处剥夺自由的男子和妇女分开关押，未成年人和成年人分开关押。

2. 初次被判处剥夺自由的人与此前曾经服过剥夺自由刑的人分开关押。下列被判刑人应与其他被判刑人隔离，并且分开关押：危险的累犯；特别危险的累犯；被判处终身剥夺自由的人；被判处死刑而被特赦改判有一定期限剥夺自由的人。

（本款由 2001 年 3 月 9 日第 25 号联邦法律、2003 年 12 月 8 日第 161 号联邦法律修订）

3. 法院和执法机关的前工作人员被判刑的，应关押在单独的改造营中。其他被判刑人也可以押送到这些机构。

4. 本条规定的对被判刑人分开关押的要求，也适用于医疗改造机构，以及设有婴儿室的改造营。被押送到上述机构的被判刑人，按照法律对法院判处的那种改造营规定的条件关押。

5. 患有各种传染病的被判刑人，应同健康的被判刑人隔离并分开关押。

第 81 条　被判处剥夺自由的人在一个改造机构服满整个刑期

1. 被判处剥夺自由的人，一般应该在同一个改造机构或侦查羁押所服满整个刑期，包括在服剥夺自由刑期间对他们判处新的刑罚，只要法院在这种情况下未变更改造机构的种类。

（本款由 2014 年 5 月 5 日第 104 号联邦法律修订）

2. 在被判刑人患病时，或者为了保障被判刑人的人身安全，在改造机构改组或撤销时，以及在妨碍被判刑人继续关押在该改造机构的其他情况下，允许将被判刑人从一个改造营移送到同一种类的另一个改造营。因实施本法典的第 73 条第 4 款所规定犯罪的被判刑人，根据联邦刑事执行系统机关的决定也可以从一个改造机构移送到同一种类的另一改造机构继续服刑。移送的程序由在刑罚执行领域行使制订和实现国家政策及进行规范性法律调整职能的联邦行政机关规定。

（本款由 2011 年 6 月 27 日第 159 号联邦法律修订）

3. 如果在移民领域行使执法、监督和监管及提供国家服务的联邦行政机关依照 2002 年 7 月 25 日第 115 号联邦法律《外国公民在俄罗斯联邦的法律地位法》，作出关于将被判处剥夺自由并在相应改造机构服刑的外国公民或无国籍人遣返回国或驱逐出境的决定，则允许在上述被判刑人刑期届满前 90 天以内根据联邦刑事执行系统机关的决定将上述外国公民或无国籍人移送到离俄罗斯联邦计划将上述外国公民或无国籍人移交给外国国家时穿过俄罗斯联邦国家边界的地方最近的同一种类的改造机构。

（本款由 2013 年 7 月 2 日第 178 号联邦法律增补）

第 81 - 1 条　被判处剥夺自由刑的人在居留地的注册登记和移民登记

（本条由 2012 年 12 月 30 日第 313 号联邦法律增补）

1. 被判处剥夺自由刑的俄罗斯联邦公民的注册登记和撤销注册登记、被判刑剥夺自由刑的外国公民和无国籍人在居留地的移民登记和撤销移民登记由相应侦查羁押所或改造机构的行政进行。

2. 本条第 1 款规定的行为，不得对在从一个服刑场所移送到另一服刑场所时关押在运送站的被判刑人实施，也不得对为了参加侦查行为而从改造机构移送到侦查羁押所的被判刑人实施。

第十二章　改造机构中的管束制度及其保障手段

第 82 条　改造机构的管束制度及其基本要求

1. 改造机构的管束制度是法律和与法律相一致的规范性法

律文件所规定的执行剥夺自由刑和服剥夺自由刑的程序。该程序应能保障对被判刑人的看守和隔离，保障对他们实行经常性的监督，保证他们所承担的义务的履行，实现他们的权利和合法利益，保障被判刑人和改造机构工作人员的人身安全，保障将各类被判刑人分开关押，根据法院判处的改造机构的种类而实行不同的关押条件，保障服刑条件的变更。

2. 管束制度为适用改造被判刑人的其他手段创造条件。

3. 在改造机构中实行在刑罚执行领域行使制订和实现国家政策及进行规范性法律调整职能的联邦行政机关会同俄罗斯联邦总检察院批准的《改造机构内部规章》。

（本款由 1998 年 7 月 21 日第 117 号联邦法律、2008 年 11 月 8 日第 194 号联邦法律修订）

4. 改造机构的行政必须保障向被判刑人发放规定式样的囚衣。囚衣的式样由俄罗斯联邦的规范性法律文件规定。

5. 对被判刑人，以及关押被判刑人的房舍，可以进行搜查，而对被判刑人的物品，可以进行检查。人身搜查应由与被判刑人同性别的人员进行。允许在刻不容缓的情况下对住房进行搜查，但在其中关押的被判刑人必须在场。

6. 改造机构的行政有权对处于改造机构区域内和规定了管束制度要求的毗邻区域的人员及其物品、交通运输工具进行检查，以及有权没收俄罗斯联邦立法和《改造机构内部规章》所开列清单的违禁物品和文件。

7. 进行搜查和检查的程序由在刑罚执行领域行使制订和实现国家政策及进行规范性法律调整职能的联邦行政机关会同俄罗斯联邦总检察院规定。

（本款由 1998 年 7 月 21 日第 117 号联邦法律、2008 年 11

月 8 日第 194 号联邦法律修订）

8. 禁止被判刑人随身保管在包裹、转交物品、印刷品中获得或者购买的物品清单，由《改造机构内部规章》规定。

（本款由 2001 年 3 月 9 日第 25 号联邦法律修订）

9. 在被判刑人身边发现的现金、有价证券和其他贵重物品应予以收缴并依照《改造机构内部规章》由改造机构的行政进行保管直至被判刑人得到释放，被判刑人在服刑期间无权对它们进行使用和处分。从被判刑人身边收缴的违禁物品、物质和食品，应根据改造机构首长的决定交付保管或进行销毁，对此应制作相应的文书。金钱、有价证券和其他贵重物品的占有人不确定的，应依照俄罗斯联邦立法收归国有。

（本款由 2001 年 3 月 9 日第 25 号联邦法律修订）

10. 改造机构的行政应保证被判刑人按规定程序购买的有价证券的保管。

第 83 条　监管和监督的技术手段

1. 为了防止被判刑人脱逃和实施其他犯罪以及实施违反服刑程序的行为，为了对被判刑人的行为表现获得必要的信息，改造机构的行政有权使用视听设备、电子设备及监管和监督的其他技术手段。

2. 改造机构的行政必须将采用上述监管和监督手段的事宜通知被判刑人，并取得有关的收据。

3. 监管和监督技术手段的清单及其使用办法由俄罗斯联邦的规范性法律文件规定。

第 84 条　改造机构中的业务搜查活动

1. 依照俄罗斯联邦立法的规定，在改造机构中进行业务性搜查活动，其任务是：保障被判刑人、改造机构工作人员和其他人员的人身安全；预防和揭露正在改造机构内预备的和实施的犯罪和违反服刑程序的行为；按照规定程序搜查从改造机构脱逃的被判刑人以及逃避服剥夺自由刑的被判刑人；协助查明和揭露被判刑人在来改造机构之前所实施的犯罪。

2. 业务性搜查活动由改造机构的行动部门以及其他被授权的人员在其权限范围内进行。

第 85 条　改造机构在特殊条件下的管束制度

1. 在发生自然灾害，改造机构所在地区被宣布紧急状态和战争状态，发生聚众骚乱的情况下，以及发生被判刑人集体不服从改造的情势时，在改造机构可以实行特殊条件下的管束制度。

（本款由 2003 年 4 月 3 日第 46 号联邦法律修订）

2. 在实行改造机构中特殊条件下管束制度的期间，可以中止实行本法典第 88～97 条规定的被判刑人的某些权利，实行加强看守和监管，实行接触某些客体的特别程序，变更作息时间，限制生产、生活、文化教育和其他活动，但医疗卫生活动除外。

（本款由 2003 年 12 月 8 日第 161 号联邦法律修订）

3. 特殊条件下的管束制度根据在刑罚执行领域行使制订和实现国家政策及进行规范性法律调整职能的联邦行政机关首长会同俄罗斯联邦总检察长或相应检察长的决定实行。时间为 30 昼夜以下。按照本条第 1 款规定的理由，特殊条件下的管束制度实行的时间可以由上述公职人员再延长 30 昼夜。

（本款由 1998 年 7 月 21 日第 117 号联邦法律、2004 年 6 月 29 日第 58 号联邦法律、2008 年 11 月 8 日第 194 号联邦法律修订）

4. 在发生对被判刑人、改造机构工作人员和其他人员生命和健康的直接威胁时，改造机构的首长可以自主实施本条第 2 款规定的措施，并立即向有权作出上述决定的公职人员报告情况。在这种情况下，上述公职人员应在收到报告之时起的 3 日内作出决定实行特殊条件下的管束制度或者取消已实施的措施。

第 86 条　安全措施及其适用的根据

1. 在被判刑人对抗改造机构工作人员，恶意不服从工作人员的合法要求，蛮横滋事，参与聚众骚乱、劫持人质、袭击公民或实施其他危害社会的行为时，以及在从改造机构逃跑的被判刑人脱逃和拘捕时，为了制止上述违法行为，以及防止这些被判刑人对周围人群或他们自己造成损害，可以采用身体暴力、专门手段和动用武器。

2. 适用本条第 1 款所载安全措施的程序由俄罗斯联邦的立法规定。

第十三章　改造机构中的服刑条件

第 87 条　被判处剥夺自由的人的服刑条件

1. 在一个改造营的范围内，被判处剥夺自由的人可以在该改造营管束制度的种类规定的普通服刑条件、宽松服刑条件和严格服刑条件下服刑。

2. 对于关押在监狱的被判刑人，规定有普通管束制度和严格管束制度。

3. 依照本法典第 120 条、第 122 条、第 124 条、第 127 条、第 130 条和第 132 条规定的根据将被判刑人从一种服刑条件移转到另一种服刑条件下，根据改造机构委员会的决定进行。地方自治机关的代表可以参加该委员会的工作，在俄罗斯联邦立法规定的情况下，还可以有社会监督委员会的代表参加。改造机构委员会还决定将关押在监狱的被判刑人从普通管束制度移转到严格管束制度和从严格管束制度移转到普通管束制度的问题。

（本款由 2003 年 12 月 8 日第 161 号联邦法律修订）

4. 如果被判刑人不同意移转到改造营中的严格服刑条件下，或者不同意移转到监狱的严格管束条件下，他有权按规定程序对移转的决定提出申诉。

第 88 条　被判处剥夺自由的人购买食品和生活必需品

1. 被判处剥夺自由的人可以通过非现金结算方式使用在服刑期间挣得的钱以及使用所获得的赡养金和社会补助费购买食品和生活必需品。上述资金计入被判刑人的个的账户。

（本款由 2003 年 12 月 8 日第 161 号联邦法律、2006 年 4 月 3 日第 46 号联邦法律、2012 年 12 月 30 日第 304 号联邦法律修订）

2. 判刑人在服刑期间挣得的钱以及所获得的赡养金和社会补助费可以不受限制地用于购买食品和生活必需品。

（本款由 2006 年 4 月 3 日第 46 号联邦法律修订）

2-1. 除本条第 2 款规定以外，准许被判刑人花费的数额由本法典第 121 条、第 123 条、第 125 条、第 131 条和第 133 条规定。

（本款由 2006 年 4 月 3 日第 46 号联邦法律增补）

3. 如果准许花费的金额在当月没有花完，被判刑人可以在下月用于购买食品和生活必需品。

4. （失效）

（本款由 2004 年 8 月 22 日第 122 号联邦法律删除）

5. 怀孕的和身边有子女的被判刑妇女，可以不受限制地使用其个人账户上的资金购买食品和生活必需品。

（本款由 2001 年 3 月 9 日第 25 号联邦法律修订）

6. 一等或二等残废的被判刑人，以及在医疗性改造机构服刑的被判刑人，可以不受限制地使用其个人账户上的资金购买食品和生活必需品。

（本款由 2001 年 3 月 9 日第 25 号联邦法律修订）

7. 禁止出售给被判刑人的食品和生活必需品的清单以及它们的数量，由《改造机构内部规章》规定。

第 89 条　被判处剥夺自由的人的探视

1. 被判处剥夺自由的人有权在改造机构的区域内接受为期 4 小时的短期探视和为期 3 昼夜的长期探视。在本法典规定的情况下，被判刑人可以接受长期探视并在改造机构范围之外居住，时间为 5 昼夜。在这种情况下，由改造机构的首长规定探视的办法和地点。

2. 短期探视是在有改造机构行政的代表在场的情况下会见亲属或其他人员。长期探视是会见配偶、父母、子女、收养人、被收养人、亲兄弟姐妹、祖父母、外祖父母、孙子女并有权与他们一起居住，而经改造机构首长的准许，可以接受其他人员的探视。

（本款由 2003 年 12 月 8 日第 161 号联邦法律修订）

3. 根据被判刑人的请求，可以准许他们用短期探视代替长期探视，或者用通电话代替短期探视或长期探视，而在教养营，可以用接受短期探视并离开教养营外出代替长期探视并在改造机构外居住。用一种探视代替另一种探视的程序由在刑罚执行领域行使制订和实现国家政策及进行规范性法律调整职能的联邦行政机关规定。

（本款由 1998 年 7 月 21 日第 117 号联邦法律、2008 年 11 月 28 日第 194 号联邦法律修订）

4. 为了获得法律帮助，准许被判刑人会见律师或有权提供法律帮助的其他人员，人数不受限制，时间为 4 小时以下。根据被判刑人的申请，同律师的会见可以单独进行，没有第三人听见并且不得采用监听技术手段。

（本款由 2003 年 12 月 8 日第 161 号联邦法律修订）

第 90 条　被判处剥夺自由的人接收包裹、转交物品和印刷邮件

1. 准许下列被判处剥夺自由的人接收包裹、转交物品和印刷邮件的规定是：

（1）妇女和关押在教养营的人员，不受数量限制；

（2）男性被判刑人，按照本法典第 121 条、第 123 条、第 125 条和第 131 条规定的数量；

一个包裹或一个印刷邮件的最大重量按邮政规定。一件转交物品的重量不得超过一件包裹的重量。

（本款由 2001 年 3 月 9 日第 25 号联邦法律修订）

2. 患病的被判刑人、一等或二等残废的被判刑人可以额外接收包裹和转交物品，数量和品名根据医疗诊断书确定。

（本款由 2001 年 3 月 9 日第 25 号联邦法律修订）

3. 被判刑人根据医疗诊断书接收的寄送药品和医疗用品的包裹、转交物品和印刷邮件，不计入本法典第 121 条、第 123 条、第 125 条和第 131 条规定的包裹、转交物品和印刷邮件的数量。上述物品应寄送到改造机构的医务部门作为医治有关被判刑人之用。

（本款由 2001 年 3 月 9 日第 25 号联邦法律修订）

4. 包裹、转交物品和印刷邮件应进行检查。

5. 被判刑人接收包裹、转交物品和印刷邮件的程序和对它们进行检查的程序，由在刑罚执行领域行使制订和实现国家政策及进行规范性法律调整职能的联邦行政机关规定。

（本款由 1998 年 7 月 21 日第 117 号联邦法律、2008 年 11 月 8 日第 194 号联邦法律修订）

6. 经改造机构行政的许可，被判刑人可以交寄包裹和印刷邮件。

第 91 条　被判处剥夺自由的人的通信、汇款

（本条由 2012 年 12 月 20 日第 304 号联邦法律修订）

1. 准许被判处剥夺自由的人用自己的费用收发信件、明信片和电报，数量不受限制。被判刑人所发送的信件、明信片和电报应该符合邮政领域和电信服务领域的俄罗斯联邦规范性法律文件的要求。根据被判刑人的请求，改造机构的行政应将向邮政人员转交信件、明信片和电报以便寄送给收件人的事宜通知被判刑人。

2. 被判刑人收、发的信件、明信片和电报应接受发行机构行政的检查，但本法典第 15 条第 4 款规定的情形除外。进行检查的时间不得超过 3 个工作日，而如果信件、明信件和电报是用外语写成的，则检查的时间不得超过 7 个工作日。

3. 被判刑人与辩护人或提供法律帮助的其他人通信不得进行检查，但改造机构的行政有可靠材料说明通信的内容是为了提议、策划或组织犯罪或者是为了勾结他人参与犯罪的情形除外。在这种情况下对信件、明信片、电报和其他邮件的监管按照改造机构首长或其副职的说明理由的决定进行。

4. 关押在改造机构的被判刑人之间的通信，依照《改造机构内部规章》规定的办法进行。

5. 被判刑人有权接收汇款并将个人账户上的款项汇给近亲属，近亲属的清单由《俄罗斯联邦刑事诉讼法典》第 5 条第 4 款规定。给其他人汇款须经改造机构的行政批准并按《改造机构内部规章》规定的办法进行。

第 92 条　被判处剥夺自由的人通电话

1. 被判处剥夺自由的人有权通电话。在没有打电话的技术设备时，改造机构的行政可以限制每年通话次数为 6 次以下。每次通话的时间不超过 15 分钟。电话费由被判刑人本人负担或者由被判刑人的亲属或其他人负担。通电话的办法由管辖改造机构的联邦行政机关规定。

（本款由 2003 年 12 月 8 日第 161 号联邦法律修订）

2. 在被判刑人到达改造机构时，以及在个人特殊情况下，根据被判刑人的请求，改造机构的行政准许被判刑人打电话。

（本款由 2003 年 12 月 8 日第 161 号联邦法律修订）

3. 对于在严格服刑条件下服刑的被判刑人，以及作为处罚被关押在处罚隔离室、纪律处罚隔离室、牢房型监舍、统一牢房型监舍和单人牢房的被判刑人，只有在个人特殊情况下才准许打电话。

4. 关押在改造机构的被判刑人之间禁止通电话。在特殊情况下，经改造机构首长批准，准许被判刑人与正在服剥夺自由刑的亲属通电话。

（本款由 2003 年 12 月 8 日第 161 号联邦法律修订）

5. 对被判刑人通电话可以由改造机构工作人员进行监督。

（本款由 2003 年 12 月 8 日第 161 号联邦法律修订）

第 93 条　被判处剥夺自由的人的放风

1. 在上锁的监舍、处罚隔离室、纪律处罚隔离室、牢房型监舍、统一牢房型监舍、公共牢房和单人牢房服剥夺自由刑的被判刑人，如果他们不在露天参加劳动，有权获得放风，时间长短由本法典第 118 条、第 121 条、第 123 条、第 125 条、第 127 条、第 131 和第 137 条规定。

（本款由 2010 年 4 月 5 日第 46 号联邦法律修订）

2. 被判刑人的放风白天在改造机构区域内有专门设备的部分进行。如被判刑人违反《改造机构内部规章》，放风可以提前结束。

第 94 条　被判处剥夺自由的人看电影电视和收听广播

1. 给被判处剥夺自由的人（在监狱服刑的人除外），以及被移送到处罚隔离室、牢房型监舍、统一牢房型监舍和单人牢房的被判刑人，至少每周放 1 次电影或电视片。

（本款由 2001 年 3 月 9 日第 25 号联邦法律修订）

2. 除作息制度规定为夜间休息的时间外，准许被判刑人在工余时间看电视，但被移送到处罚隔离室、牢房型监舍、统一牢房型监舍和单人牢房的被判刑人除外。

3. 被判刑人个人和若干被判刑人一起，可以用自己的金钱通过商业网点购买电视机和收音机，或者从其亲属或其他人那里接收电视机和收音机。

4. 准许被判刑人在工余时间收听广播，但作息制度规定为夜间休息的时间除外。在被判刑人的住房、教育工作室、休息室、工作场所、处罚隔离室、牢房型监舍、统一牢房型监舍和单人牢房中，应使用改造机构的资金安装收音机。

（本款由 2001 年 3 月 9 日第 25 号联邦法律修订）

第 95 条　被判处剥夺自由的人购买和保存书刊和文具

1. 准许被判处剥夺自由的人在包裹、转交物品和印刷邮件中接收文具，通过商业网点购买书刊，以及不受限制地用自己的钱订阅报纸和杂志。

2. 禁止被判刑人接收、购买、保存和传播宣传战争、煽动民族仇恨和宗教仇恨、崇尚暴力或残忍的出版物和淫秽性质的出版物，以及禁止订阅这类出版物。

3. 寄送通过商业网点购买的书刊的包裹和印刷邮件，不计入被判刑人有权接收的包裹和印刷邮件的数量。

4. 准许被判刑人在身边最多保存 10 册书和杂志。

5. 超过本条第 4 款规定数量的书刊，被判刑人应交付保管，或者经被判刑人的同意交给改造机构的图书室使用。

第 96 条　被判处剥夺自由的人在无人押解或无人随行情况下往来的条件和程序

1. 对表现良好、在改造营和教养营服剥夺自由刑的被判刑人，以及留在侦查羁押所和监狱从事庶务性工作的被判刑人，如果出于他们所完成工作性质之必需，可以准许在改造机构范围以外在无人押解或无人随行的情况下往来。

2. 不准许下列被判刑人在无人押解或无人随行的情况下在改造机构范围以外往来：特别危险的累犯；被判处死刑通过特赦而被改判剥夺自由的人；被判处终身剥夺自由的人；在该改造机构中服刑时间不满 6 个月的被判刑人；处罚尚未撤销或未消灭的被判刑人；因实施特别严重的犯罪而被判刑的人；在严格条件下服刑的被判刑人；因在服刑期间实施的故意犯罪而被判刑的人；患有开放性结核病的被判刑人；未做完治疗花柳病、酒精中毒、戒除药瘾和戒除毒瘾的全部疗程的被判刑人；已感染艾滋病病毒的被判刑人；患有不排除刑事责任能力的精神病的被判刑人。

3. 被判刑人在无人押解或无人随行情况下在改造机构范围以外往来的权利，由改造机构首长决定。

4. 对有权在无人押解或无人随行情况下往来的被判刑人，应该安排单独的住房。可以准许他们在改造机构范围以外的宿舍居住，但必须是在改造机构会同地方自治机关规定的区域之内。

5. 享有在无人押解或无人随行情况下在改造机构范围以外往来权利的被判刑人的行为，由《改造机构内部规章》调整。

6. 如果被判刑人违反《改造机构内部规章》，或者被判刑人所从事工作的性质发生变化，由改造机构的首长作出决定，撤销在无人押解或无人随行情况下往来的权利。

第 97 条　被判处剥夺自由的人离开改造机构外出

1. 对关押在改造营和教养营的被判处剥夺自由的人，以及按规定程序留在侦查羁押所和监狱从事庶务性工作的被判刑人，可以准许在下列情况下离开改造机构外出：

（1）因个人特殊情况（近亲属死亡或罹患危及生命的疾病；自然灾害给被判刑人或其家庭造成重大物质损失），以及为了事先解决被判刑人释放后的劳动安置和生活安置问题的短期外出，时间为 7 昼夜以下，往返路途所必需的时间不计算在内；

（2）每年带薪休假期间的长期外出，而对于本法典第 103 条第 2 款所规定的被判刑人，或者由于非本人的原因而没有工作保障的被判刑人，长期外出的期限等于每年带薪休假的时间。

2. 对有子女养在改造营婴儿室的被判刑妇女，可以准许为了将子女安置到亲属处或儿童保育院抚养而离开改造机构短期外出，时间为 15 昼夜以下，往返路途必需的时间不计算在内；而对在改造营之外有未成年残疾子女的被判刑妇女，可以准许每年一次短期外出同子女会面，期限同前。

（本款由 2003 年 12 月 8 日第 161 号联邦法律修订）

3. 下列被判刑人，不准许根据本条第 1 款和第 2 款规定的理由离开改造机构外出：特别危险的累犯；被判处死刑通过特赦而被改判剥夺自由的人；被判处终身剥夺自由的人；患有开放性结核病的被判刑人；未做完治疗花柳病、酒精中毒、戒除药瘾和戒除毒瘾的全部疗程的被判刑人；已感染艾滋病病毒的被判刑人。在实施防疫措施的情况下亦不准许被判刑人外出。

（本款由 2003 年 12 月 8 日第 161 号联邦法律修订）

4. 对患有不排除刑事责任能力的精神病的被判刑人，一等或二等残废和因身体状况需要他人护理的被判刑人，以及未成年被判刑人，准许在亲属或其他陪同人员随行的情况下离开改造机构外出。

5. 对被判刑人关于因个人特殊情况要求离开改造机构短期外出的申请，应该在一昼夜以内予以审议。

6. 改造机构的首长根据被判刑人所实施犯罪的性质和严重程度、已服过的刑期、被判刑人的个人身份和表现，发给离开改造机构外出的许可证。

6-1. 如果准许被判刑人离开改造机构外出，而被判刑人的个人卷宗里有法院关于将被判刑人离开改造机构的事宜通知被害人或其法定代理人的裁定或裁决，则改造机构的行政应立即将此情况通知被害人或他的法定代理人。

（本款由 2013 年 12 月 28 日第 432 号联邦法律增补）

7. 被判刑人获准离开改造机构的时间，计入服刑期。

（本款由 2010 年 3 月 29 日第 36 号联邦法律修订）

8. 被判刑人离开改造机构外出的费用由本人用自己的钱支付或由其他人负担。被判刑人离开改造机构短期外出期间不发给工资。

9. 在发生意外情况致使被判刑人不能在规定期限内返回时，根据被判刑人居留地的内务机关首长的决定，可以将返回改造机构的期限延长 5 昼夜以下，同时必须立即将此情况通知改造机构的行政。

10. 准许被判刑人离开剥夺自由场所外出的程序由《改造机构内部规章》规定。

11. 如果被判刑人逃避在规定期限内返回改造机构，被判刑人居留地的内务机关经检察长批准后，应将被判刑人拘捕并拘留 30 昼夜以下，以便解决是将被判刑人押解到服刑场所还是追究刑事责任的问题。

12. 在同有关国家签订的协议规定的情况下和依照这种协议规定的程序，准许被判刑人出国。

第 98 条　被判处剥夺自由的人的国家强制社会保险和赡养保障

1. 被判处剥夺自由的人，被吸收参加劳动的，应进行国家强制社会保险，而被判刑的妇女，依照俄罗斯联邦政府规定的办法享有怀孕和生育补助费。为被判刑妇女发给怀孕和生育补助费与她们履行劳动义务或其他义务无关。

（本款由 2001 年 3 月 9 日第 25 号联邦法律、2003 年 12 月 8 日第 161 号联邦法律修订）

2. 被判刑人在年老、残废、丧失供养人时，以及在俄罗斯联邦立法规定的其他情况下，有权按照一般根据获得国家的赡养保障。

3. 被判刑人赡养金的给付由改造机构所在地的居民社会保护机关通过将赡养金划入被判刑人个人账户的办法进行。

4. 在服剥夺自由刑期间丧失劳动能力的被判刑人，有权依照俄罗斯联邦立法规定的情况和程序获得损害赔偿。

5. 从被判刑人的赡养金中应进行扣款。从赡养金中扣款的根据、种类和程序由本法典第 107 条规定。

6.（失效）

（本款由 2003 年 12 月 8 日第 161 号联邦法律删除）

第 99 条　被判处剥夺自由的人的物质生活保障

1. 被判处剥夺自由的人的人均居住面积标准为：在改造营——不得少于 2 平方米；在监狱——不得少于 2.5 平方米；在被判刑妇女服刑的改造营——不得少于 3 平方米；在教养营——不得少于 3.5 平方米；在医疗性改造机构——不得少于 3 平方米；在刑事执行系统的医疗预防机构——不得少于 5 平方米。

2. 对被判刑人提供个人床位和卧具。根据性别和气候条件保障被判刑人的应季衣物供应，保障个人卫生用品（至少有肥皂、牙刷、牙膏或牙粉、卫生纸、男性一次性剃须刀、女性个人卫生用品）。

（本款由 2003 年 12 月 8 日第 161 号联邦法律修订）

3. 被判刑人的最低伙食标准和物质生活保障标准由俄罗斯联邦政府规定。如果由吸收被判刑人参加劳动的企业负担费用，则可以超过标准组织被判刑人的额外伙食供应。被判刑人的被服供应标准由在刑罚执行领域行使制订和实现国家政策及进行规范性法律调整职能的联邦行政机关规定。由于意志以外的原因不工作的被判刑人、不领取赡养金的被判刑人，由国家负担费用保障其伙食和生活必需品供应。

（本款由 1998 年 7 月 21 日和 117 号联邦法律、2008 年 11 月 28 日第 194 号联邦法律修订）

4. 领工资的被判刑人和领取赡养金的被判刑人，应补偿伙食费、衣服费、生活服务费和个人卫生用品费用，但专门伙食的专门衣服除外。对逃避劳动的被判刑人，上述费用从其个人账户的资金中扣除。伙食费、衣服费、生活服务费和个人卫生用品费的补偿每月按当月的实际花费进行。

（本款由 2003 年 12 月 8 日第 161 号联邦法律修订）

5. 因疾病被免除劳动的被判刑人，被判刑的孕妇和被判刑的哺乳期母亲，在免除劳动期间的伙食免费。对关押在教养营的被判刑人、一等和二等残废的被判刑人，伙食、衣服、生活服务和个人卫生用品免费提供。

（本款由 2003 年 12 月 8 日第 161 号联邦法律修订）

6. 对被判刑的孕妇、被判刑的哺乳期母亲、未成年被判刑人，以及患病的被判刑人和一等或二等残废的被判刑人，应创造较好的居住生活条件并规定较高的伙食标准。

7. 在本法典第 88 条、第 121 条、第 123 条、第 125 条、第 131 条和第 133 条规定的准许用于购买食品和生活必需品的数额之外，被判刑人可以用自己的钱额外购买准许在改造机构中使用的衣服，其中包括运动服，支付额外的医疗防治服务费和其他根据其本人愿望提供的，《改造机构内部规章》规定的服务的费用。

第 100 条　被判刑的孕妇、被判刑的哺乳期母亲和被判刑的有子女妇女物质生活保障的特点

1. 在有子女的被判刑妇女服刑的改造机构中可以设立婴儿室。改造机构的婴儿室保障具备儿童正常生活和发育的条件。被判刑妇女可以将自己 3 岁以下的子女安置到改造机构的婴儿室，在劳动之余不受限制地同子女交往。可以准许被判刑妇女与子女一起居住。

2. 经被判刑妇女本人的同意，其子女可以交给亲属抚养，或者根据监护和保护机关的决定交给其他人抚养，或者在子女年满 3 岁以后送往相应的儿童保育机构。

3. 如果养育在改造机构的子女年满 3 岁，而其母亲离服刑期满已不超过一年，改造机构的行政可以延长子女在婴儿室的时间，直至其母亲服满整个刑期。

4. 对被判刑的孕妇、生育时和产后的被判刑妇女提供专门的医疗救助。

（本款由 2003 年 12 月 8 日第 161 号联邦法律、2008 年 7 月 14 日第 122 号联邦法律修订）

第 101 条　被判处剥夺自由的人的医疗卫生保障

1. 依照《改造机构内部规章》和俄罗斯联邦立法的规定组织和提供被判处剥夺自由的人的医疗预防和卫生预防。

2. 为了给被判刑人提供医疗服务，在刑事执行系统设立医疗预防机构（医院、专门的精神病医院和结核病医院）和医务科，以及为了收治患有开放性结核病、酒精中毒和吸毒成瘾的被判刑人以及对他们进行门诊治疗，还设立医疗性改造机构。

（本款由 2001 年 3 月 9 日第 25 号联邦法律修订）

3. 改造机构的行政对保障被判刑人健康保护的卫生防疫要求的执行承担责任。

4. 在被判刑人拒绝进食和发生对其生命的威胁时，允许根据医嘱对被判刑人实行强制营养。

5. 对被判刑人提供医疗救助、组织和进行卫生监督、利用卫生机关的医疗预防机构和卫生预防机构以及为此目的吸收上述机构医务人员参加工作的程序，由俄罗斯联邦立法和在刑罚执行领域行使制订和实现国家政策及进行规范性法律调整职能的联邦行政机关和在卫生领域行使制订和实现国家政策及进行规范性法律调整职能的联邦行政机关的规范性法律文件规定。

（本款由 1998 年 7 月 21 日第 117 号联邦法律、2004 年 6 月 29 日第 58 号联邦法律、2008 年 11 月 8 日第 194 号联邦法律修订）

第 102 条　被判处剥夺自由的人的物质责任

1. 被判处剥夺自由的人在服刑期间对国家或自然人和法人造成物质损失时，应按照下列办法承担物质责任：

对被判刑人在履行劳动义务时造成的损失——依照俄罗斯联邦劳动立法规定的数额；

对被判刑人的其他行为所造成的损失——依照俄罗斯联邦民事立法规定的数额。

2. 被判刑人应该赔偿对改造机构所造成的损失，以及赔偿与制止被判刑人脱逃有关的额外费用和在被判刑人故意损害自己身体时进行治疗的额外费用。

3. 如果为补偿被判刑人所造成物质损失的扣款不正确，则应将不正确扣款的部分返还被判刑人并划入其个人账户。

第十四章　被判处剥夺自由的人的劳动、职业教育和职业培训

（本章由 2013 年 7 月 2 日第 185 号联邦法律修订）

第 103 条　吸收被判处剥夺自由的人参加劳动

1. 每一个被判处剥夺自由的人均应在改造机构行政规定的场所从事所规定的劳动。改造机构的行政应考虑被判刑人的性别、年龄、劳动能力、健康状况，并尽可能考虑他们的专业并从现有工作岗位出发吸收他们参加劳动。在保障对被判刑人实

行应有的看守与隔离的条件下，吸收被判刑人在改造机构的被判刑人劳动适应中心和生产（劳动）车间、刑事执行系统的国家单一制企业以及改造机构所在区域内（外）的其他组织法形式的单位参加劳动。

（本款由 2007 年 6 月 6 日第 91 号联邦法律修订）

2. 60 岁以上的被判刑男子和 55 岁以上的被判刑妇女，以及一等和二等残废的被判刑人，依照俄罗斯联邦劳动立法和俄罗斯联邦残疾人社会保护立法的规定，按照他们的意愿参加劳动。未成年的被判刑人依照俄罗斯联邦劳动立法的规定参加劳动。

3. 对于依照本法典第 74 条第 7 款的规定在监狱服剥夺自由刑的被判刑人，只能在监狱区域内组织他们劳动。

4. 禁止使用被判刑人劳动的工作清单，由《改造机构内部规章》规定。

5. 被判刑人的生产活动不得妨碍改造机构的基本任务——改造被判刑人。

6. 禁止被判刑人为了解决劳动冲突而终止工作。拒绝工作或终止工作是恶意违反服刑程序的行为，对之可以适用处罚措施和追究物质责任。

第 104 条　被判处剥夺自由的人的劳动条件

1. 被判处剥夺自由的人的劳动时间、劳动保护规则、安全和生产卫生的技术规则依照俄罗斯联邦劳动立法规定。开始工作和结束工作的时间（一个班的时间），根据改造机构与被判刑人劳动所在企业的行政协商后确定的轮班表规定。

2. 考虑到关押在改造机构和监狱的被判刑人所完成工作的性质，允许工作时间累计计算。

3. 被判刑人被吸收参加有工资的劳动的时间计入一般工龄。改造机构的行政负责根据日历年度总结统计被判刑人已工作了多长时间。如果被判刑人多次逃避完成工作，相应的时间应根据改造机构行政的决定从被判刑人的一般工龄中扣除。对于改造机构行政的决议不服的，被判刑人可以向法院提出申诉。

4. 参加工作的被判刑人有权获得每年带薪的休假：在教养营服刑剥夺自由刑的人为 18 个工作日，在其他改造机构服剥夺自由刑的人为 12 个工作日。在给予上述休假时可依照本法典第 97 条的规定准予离开改造机构的范围外出或者不准予外出。被判刑人关押在牢房型监舍、统一牢房型监舍和单人牢房中的时间，不计入提供每年带薪休假所必需的期限。

5. 对在繁重条件下，以及在有害条件下或危险条件下，在位于极北地区和与之相当地区的企业工作，超额完成生产定额或模范完成规定任务的被判刑人，或者按照本人意愿工作的一等和二等残废的被判刑人、60 岁以上的被判刑男子和 55 岁以上的被判刑妇女，每年的带薪休假可以增加到 18 个工作日，而对未成年被判刑人可以增加到 24 个工作日。

第 105 条　被判处剥夺自由的人的劳动报酬

1. 被判处剥夺自由的人有依照俄罗斯联邦劳动立法取得劳动报酬的权利。

2. 给被判刑人的劳动报酬，如果他们完全做满一个月的规定劳动时间定额并完成为他们所规定的工作定额，不得低于法定最低劳动报酬。

3. 在实行不完全工作日或不完全工作周的情况下，给被判刑人的劳动报酬按其工作时间的长短或按其完成的工作按比例发给。

第106条　吸收被判处剥夺自由的人参加没有报酬的劳动

1. 被判处剥夺自由的人可以被吸收参加没有报酬的劳动，但只能是为了改造机构及其毗邻区域设施的改善。

2. 一等或二等残废的被判刑人、被判刑的60岁以上的男子和55岁以上的妇女、被判刑的孕妇，可以根据本人的意愿被吸收参加没有报酬的劳动。

3. 应在被判刑人的工余时间轮流吸收他们参加上述工作，每周的时间不得超过两小时。根据被判刑人的书面申请或者在必须进行紧急工作时由改造机构的行政决定，工作时间可以增加。

（本款由2003年12月8日第161号联邦法律修订）

第107条　从被判处剥夺自由的人的工资和其他收入中扣款

1. 从被判处剥夺自由的人的工资、赡养金和其他收入中应依照本法典第99条第4款的规定进行扣款，以补偿其生活费开支。

2. 被判刑人补偿生活费的扣款应在满足所有有追索的请求后按照2007年10月2日第229号联邦法律《执行程序法》规定的程序进行。

（本款由2009年12月17日第325号联邦法律修订）

3. 在改造机构，无论全部扣款的数额是多少，记入被判刑人个人账户的不得少于其工资、赡养金或其他收入总额的25％。而对60岁以上的被判刑男子和55岁以上的被判刑妇女，一等或二等残废的被判刑人，未成年被判刑人，被判刑的怀孕妇女，有子女养在改造机构婴儿室的被判刑妇女，则记入他们个账户上的不得少于其工资、赡养金和其他收入总额的 50%。

第 108 条　被判处剥夺自由的人的职业教育与职业培训

（本条由 2013 年 7 月 2 日第 185 号联邦法律修订）

1. 对于那些不具备在改造机构内和从改造机构释放后从事劳动的职业（专业）的被判刑人，应在改造机构内按照熟练工人、职员培训大纲组织强制性职业教育或中等职业培训。

（本款由 2013 年 7 月 2 日第 185 号联邦法律修订）

2. 被判刑人是一等或二等残废、慢性病患者而且没有医学禁忌症的，以及年满 60 岁以上的男子和年满 55 岁的妇女的，可以根据他们本人的意愿，并考虑俄罗斯联邦教育立法和俄罗斯联邦残疾人社会保护立法的要求，接受按照熟练工人、职员培训大纲组织的强制性职业教育或中等职业培训。妨碍按照熟练工人、职员培训大纲组织强制性职业教育或中等职业培训的慢性病医学禁忌症的清单以及对被判刑人进行身体检查以确定他们是否存在妨碍按照熟练工人、职员培训大纲组织强制性职业教育或中等职业培训的慢性病医学禁忌症的程序，由在刑罚执行领域行使制订和实现国家政策及进行规范性法律调整职能的联邦行政机关和在卫生领域行使制订和实现国家政策及进行规范性法律调整职能的联邦行政机关共同的规范性文件规定。

（本款由 2012 年 4 月 1 日第 25 号联邦法律、2013 年 7 月 2 日第 185 号联邦法律修订）

3. 在评定被判刑人得到改造的程度时，要考虑他们接受中等职业教育和职业培训的态度。

4. 改造机关的行政应根据现有条件帮助被判刑人获得高等

教育。

（本款由 2007 年 7 月 2 日第 194 号联邦法律、2008 年 11 月
8 日第 194 号联邦法律、2013 年 7 月 2 日第 185 号联邦法律修
订）

5. 服终身剥夺自由刑的被判刑人的职业培训直接在生产中
进行。

（本款由 2013 年 7 月 2 日第 185 号联邦法律修订）

第十五章　对被判处剥夺自由的人的教育感化

第 109 条　对被判处剥夺自由的人的教育工作

1. 对被判处剥夺自由的人进行教育工作的目的在于对他们
进行改造，培养被判刑人尊重人，尊重社会，尊重劳动，尊重
人类公共生活的准则、规则和传统，在于提高他们的教育程度
和文化程度。

2. 在评定被判刑人得到改造的程度时，以及在对他们适用
奖励措施和处罚措施时，要考虑他们参加教育活动的情况。

3. 改造机构的每日规程可以规定被判刑人必须参加哪些教
育活动。

4. 被判刑人教育工作的进行应考虑被判刑人个人身份和性
格的个别性特点和他们所实施犯罪的情节。

第 110 条　对被判处剥夺自由的人进行教育工作的
基本形式和方法

1. 在改造机构中，对被判处剥夺自由的人进行有助于他们
改造的道德教育、法制教育、劳动教育、体育和其他教育。

2. 对被判刑人的教育工作，要考虑到改造机构的种类、刑期、关押条件，根据心理教育方法，采取个别形式、小组形式和群众形式有区别地进行。

3. 为了组织对被判刑人的教育工作，改造机构中应依照俄罗斯联邦政府批准的标准建立物质技术设施。

第 111 条 （失效）

（本条由 2011 年 12 月 7 日第 420 号联邦法律删除）

第 112 条 被判处剥夺自由的人的普通教育

1. 在改造机构中，组织不满 30 岁的被判刑人强制接受普通教育。

（本款由 2007 年 7 月 21 日第 194 号联邦法律修订）

2. （失效）

（本款由 2013 年 7 月 2 日第 185 号联邦法律删除）

3. 为了参加考试，接受教育的被判刑人依照俄罗斯联邦劳动立法免除工作。

（本款由 2013 年 7 月 2 日第 185 号联邦法律修订）

4. 在确定被判刑人的改造程序时，应鼓励和考虑他们接受基础普通教育和中等普通教育的情况。

（本款由 2013 年 7 月 2 日第 185 号联邦法律修订）

5. 俄罗斯联邦各主体教学机构应帮助改造机构的行政从事被判刑人的教育工作。

（本款由 2013 年 7 月 2 日第 185 号联邦法律修订）

6. （自 2013 年 9 月 1 日起失效）

7. （自 2013 年 9 月 1 日起失效）

（以上两款由 2013 年 7 月 2 日第 185 号联邦法律删除）

第 113 条 对被判处剥夺自由的人适用的奖励措施

1. 判处剥夺自由的人，表现良好，认真对待劳动、学习，积极参加被判刑人的教育活动的，可以对他们适用下列奖励措施：

（本款由 2012 年 4 月 1 日第 25 号联邦法律修订）

（1）表扬；

（2）发给奖品；

（3）发给奖金；

（4）准许额外接收包裹或转交物品；

（5）（失效）

（本项由 2003 年 12 月 8 日第 161 号联邦法律删除）

（6）准许额外接受短期探视和长期探视；

（7）准许额外花费 500 卢布购买食品和生活必需品；

（本项由 2009 年 2 月 14 日第 23 号联邦法律修订）

（8）对关押在改造营严格服刑条件下的和监狱的被判刑人，将一个月内的放风时间增加到每天两小时；

（本项由 2005 年 4 月 1 日第 29 号联邦法律修订）

（9）提前撤销以前所受的处罚。

2. 对于正在改造村服刑的被判刑人，可以适用准予在改造村之外度过节假日的奖励措施。

3. （失效）

（本款由 2010 年 4 月 5 日第 46 号联邦法律删除）

4. 为了达到进一步改造的目的，对表现良好的被判刑人可以作为奖励措施在他服完法律规定的刑期后提请将未服完部分的刑罚改判较轻的刑种。

（本款由 2003 年 12 月 8 日第 161 号联邦法律修订）

5.（失效）

（本款由 2010 年 4 月 5 日第 46 号联邦法律删除）

第 114 条　对被判处剥夺自由的人适用奖励措施的程序

1. 表扬可以用口头形式或书面形式宣布，其余的奖励只能用书面形式公布。

2. 作为奖励，准许被判刑人在一年内额外接收包裹或转交物品的次数为 4 次以下，准许额外接受短期探视和长期探视为 4 次以下。

3. 对于本法典第 115 条第 1 款第（1）项和第（2）项规定的处罚，至少在自受处罚之日起的 3 个月后才能提前撤销，而对于本法典第 115 条第 1 款第（3）项、第（4）项、第（5）项和第（6）项规定的处罚，至少在接受处罚之日起的 6 个月后才能提前撤销。

（本款由 2003 年 6 月 11 日第 75 号联邦法律修订）

4. 对于受到处罚而处罚尚未撤销或消灭的被判刑人，只有适用提前撤销以前所受处罚作为奖励措施。

（本款由 2003 年 6 月 11 日第 75 号联邦法律增补）

第 115 条　对被判处剥夺自由的人适用的处罚措施

1. 如被判处剥夺自由的人违反规定的服刑程序，可以对他们适用下列处罚措施：

（1）警告；

（2）200 卢布以下的纪律罚金；

（本项由 2003 年 12 月 8 日第 161 号联邦法律修订）

（3）将关押在改造营或监狱的被判刑人关入处罚隔离室 15 昼夜以下；

（4）对恶意违反服刑程序的被判刑男子，如在普通管束制度和严格管束制度的改造营服刑的，应移送到牢房型监舍关押，而在特别管束制度的改造营服刑的，则移送到单人牢房关押，时间为 6 个月以下；

（5）将恶意违反服刑程序的男性被判刑人移送到统一的牢房型监舍关押，时间为一年以下；

（6）将恶意违反服刑程序的女性被判刑人移送到牢房型监舍关押，时间为 3 个月以下。

2. 对正在改造村服剥夺自由刑的被判刑人，可以适用取消在宿舍外居住的权利、禁止在工余时间离开宿舍外出等处罚，时间为 30 天以下。

3. 对正在改造村服剥夺自由刑的被判刑人，不适用本条第 1 款第（4）项、第（5）项、第（6）项规定的处罚。

4.（失效）

（本款由 2005 年 5 月 9 日第 46 号联邦法律删除）

第 116 条　被判处剥夺自由的人对服刑程序的恶意违反

1. 被判处剥夺自由的人恶意违反服刑程序是指：酗酒、吸食麻醉品或精神药物；轻微流氓行为；威胁、不服从或者侮辱改造机构行政的代表但不存在犯罪构成要件；制作、保管或转交违禁物品；逃避执行法院判处的或医疗委员会决定的医疗性强制措施，组织罢工和其他集体不服从管教的行动以及积极参加上述活动；男女同性性行为；组织或积极参与旨在实施上述违法行为的被判刑人团伙；没有正当理由拒绝工作或终止工作。

（本款由 2001 年 3 月 9 日第 25 号联邦法律修订）

2. 在一年中再次违反服刑程序，如果被判刑人因每次违反服刑程序的行为均受到关进处罚隔离室或纪律隔离室关押的处罚，也可以认为是恶意违反服刑程序。

（本款由 2003 年 6 月 11 日第 75 号联邦法律修订）

3. 被判刑人实施本条第 1 款和第 2 款所规定的违法行为的，如受到本法典第 115 条第 1 款第（3）项、第（4）项、第（5）项和第（6）项所规定的和第 136 条第（2）项处罚措施，被认为是恶意违反服刑程序。

（本款由 2003 年 6 月 11 日第 75 号联邦法律修订）

4. 被判刑人恶意违反服刑程序，由改造机构的首长根据改造机构行政的报告裁决认定，并同时给予处罚。

（本款由 2001 年 3 月 9 日第 25 号联邦法律修订）

第 117 条　对被判处剥夺自由的人适用处罚措施的程序

1. 在对被判处剥夺自由的人适用处罚措施时，应考虑实施违法行为的情节、被判刑人的个人身份和他此前的表现。处罚应与违法行为的严重程度和性质相当。在适用处罚前由被判刑人作出书面解释。对没有可能进行书面解释的被判刑人，改造机构的行政应给予帮助。如果被判刑人拒绝进行书面解释，应制作相应的文书。进行处罚的时间不得迟于发现违法行为之日起的 10 昼夜。如因对违法行为要进行检验，则在检验结束之日起的 10 日内进行处罚，但不得迟于违法行为实施之日起的 3 个月。处罚应立即执行，而在特殊情况下，最迟在决定处罚之日起的 30 日内执行。禁止因为一个违法行为数次进行处罚。

（本款由 2004 年 11 月 4 日第 129 号联邦法律修订）

2. 警告用口头形式或书面形式宣布，其余的处罚只能用书面形式公布。处罚根据改造机构的首长或代替首长的人的裁决进行。

3. 纪律罚金只能对本法典第 116 条第 1 款所列违反服刑程序的行为适用。所处的纪律罚金应划拨作为联邦预算。

4. 将被判刑人移送到牢房型监舍、统一牢房型监舍和单人牢房以及处罚隔离室和纪律隔离室关押的，之前应进行身体检查并出具证明他们的健康状况有可能在上述地方关押的鉴定书，同时应指明在其中关押的期限。进行身体检查和出具上述鉴定书的程序由在刑罚执行领域行使制订和实现国家政策及进行规范性法律调整职能的联邦行政机关会同在卫生领域行使制订和实现国家政策及进行规范性法律调整职能的联邦行政机关规定。

（本款由 2011 年 2 月 7 日第 5 号联邦法律修订）

5. 对于移送到牢房型监舍关押的被判刑人，可以适用除移送到牢房型监舍关押之外的一切处罚。

6. 对移送到统一牢房型监舍关押的被判刑人，可以适用除移送牢房型监舍、统一牢房型监舍关押以外的一切处罚。

7. 有 3 岁以下婴儿养在改造机构婴儿室的被判刑妇女，和因怀孕和生育而被免于劳动的被判刑妇女，以及一等和二等残废的被判刑人，不得移送到处罚隔离室和牢房型监舍和单人牢房关押。

（本款由 2003 年 12 月 8 日第 161 号联邦法律修订）

8. 如果被判刑人在执行完纪律处罚之日起的一年内没有再受处罚，则认为被判刑人未受过处罚。

第 118 条　被判处剥夺自由的人在处罚隔离室、牢房型监舍、统一牢房型监舍和单人牢房的关押条件

1. 被关押在处罚隔离室的被判处剥夺自由的人，禁止接受探视、打电话、购买食品，禁止接收包裹、转交物品和印刷邮件。他们有权享有每天 1 小时的放风。

2. 作为处罚而被移送到牢房型监舍、统一牢房型监舍和单人牢房的被判刑人有权：

（1）每月花费个人账户上的钱用于购买食品和生活必需品，金额为 500 卢布；

（2）6 个月内接收 1 个包裹或者转交物品和 1 次印刷邮件；

（3）享有每天 1 个半小时的放风；

（3-1）在被关押在牢房型监舍、统一牢房型监舍的被判刑人，未违反服刑程序的，根据改造机构首长的决定，可以将每天放风的时间延长到 2 小时，期限为 1 个月以下；

（本款由 2005 年 4 月 1 日和 29 号联邦法律增补）

（4）经改造机构行政的准许，在 6 个月内接受一次短期探视。

2-1. 对关押在处罚隔离室、牢房型监舍、统一牢房型监舍或单人牢房的被判刑人，根据本人的请求，可以请依照规定程序进行注册的宗教团体的神职人员前来，请哪位神职人员由被判刑人选择。

（本款由 2003 年 12 月 8 日第 161 号联邦法律增补）

3. 被关押在处罚隔离室和被移送到牢房型监舍或单人牢房的被判刑人，与其他被判刑人分开劳动。

4. （失效）

（本款由 2003 年 12 月 8 日第 161 号联邦法律删除）

5. 被判刑人从处罚隔离室、牢房型监舍、统一牢房型监舍和单人牢房移送到刑事执行系统的医疗预防机构时，在上述医疗机构的时间计入服刑期。

第 119 条　对被判处剥夺自由的人适用奖励措施和处罚措施的改造机构公职人员

1. 改造机构的首长和代行其职务的人员享有全权适用本法典第 113 条和第 115 条所列各项奖励措施和处罚措施。

2. 改造队长有权适用以下各项奖励措施：

（1）表扬；

（2）准许额外花钱购买食品和生活必需品；

（3）提前解除队长以前给予的处罚。

3. 改造队长有给予口头警告的权利。

第十六章　剥夺自由刑在不同种类改造机构的执行

第 120 条　普通管束制度的改造营

1. 在普通管束制度的改造营中的普通服刑条件下服剥夺自由刑的是：被判处在该改造机构服刑的被判刑人，以及从宽松服刑条件下和严格服刑条件下移转来的被判刑人。如果被判刑人在侦查羁押所未曾违反羁押程序并因此被处罚关入单人监号，则他在普通服刑条件下的服刑期自羁押之日起计算。

（本款由 2001 年 3 月 9 日第 25 号联邦法律、2003 年 6 月 11 日第 75 号联邦法律修订）

2. 被判刑人未因违反服刑程序受到处罚并且认真对待劳动

的，在普通服刑条件下服满不少于 6 个月刑期之后，可以移转到宽松服刑条件下服刑。

3. 在普通服刑条件下服刑的被判刑人，如被认定为恶意违反服刑程序，应被移转到严格服刑条件下服刑。

4. 在宽松服刑条件下服刑的被判刑人，如被认定为恶意违反服刑程序，应被移转到普通服刑条件或者严格服刑条件下服刑。

5. 至少 6 个月未因为违反服刑程序而受处罚时，才能从严格服刑条件下移转到普通服刑条件下服刑。

6. 从严格服刑条件下再次移转到普通服刑条件下或者从普通服刑条件下再次移转到宽松服刑条件下，应依照本条第 2 款和第 5 款规定的程序进行。

7. 从另一普通管束制度的改造营移送来的被判刑人，应在与移送前为他们规定的相同的服刑条件下服刑。

第 121 条　在普通管束制度的改造营服剥夺自由刑的条件

1. 被判处剥夺自由的人在普通管束制度的改造营中普通服刑条件下服刑的，在宿舍居住。准许他们：

（1）除本法典第 88 条规定的金额外，每月还可以花费个人账户上的 3000 卢布以下用于购买食品和生活必需品；

（本项由 2006 年 4 月 3 日第 46 号联邦法律、2009 年 2 月 14 日第 23 号联邦法律修订）

（2）一年中接受 4 次短期探视和 4 次长期探视；

（本项由 2003 年 12 月 8 日第 161 号联邦法律修订）

（3）一年中接收 6 个包裹或转交物品和 6 个印刷邮件。

2. 在宽松条件下服刑的被判刑人在宿舍居住。准许他们：

（1）每月花费个人账户上的钱用于购买食品和生活必需品，金额不受限制；

（2）一年中接受6次短期探视和6次长期探视；

（3）一年中接收12个包裹或转交物品和12个印刷邮件。

3. 对于在宽松条件下服刑的被判刑人，为了顺利地适应社会，可以根据改造机构首长的裁决在刑满前6个月解除羁押。在这种情况下，准许被判刑人在改造机构行政的监督下在改造营范围之外居住和工作。他们可以与享有无人押解或无人随行往来权的被判刑人共同居住。可以允许被判刑的妇女与家属或子女在改造营之外租赁房屋居住或在自有房屋居住。

（本款由2003年12月8日第161号联邦法律修订）

4. 在严格服刑条件下服刑的被判刑人，住在上锁的监舍内。准许他们：

（1）除本法典第88条规定的金额外，每月还可以花费个人账户上的2000卢布以下用于购买食品和生活必需品；

（本项由2006年4月3日第46号联邦法律、2009年2月14日第23号联邦法律修订）

（2）一年中接受2次短期探视和2次长期探视；

（3）一年中接收3个包裹或转交物品和3次印刷邮件；

（4）享有每天一个半小时的放风。

第122条　严格管束制度的改造营

1. 在严格管束制度的改造营中的普通服刑条件下服刑的是：被判处在该改造机构服刑的被判处剥夺自由的人；但在服剥夺自由刑期间实施故意犯罪而被判刑的人除外，以及从宽松服刑条件下和严格服刑条件下移转来的被判刑人。如果被判刑人在侦查羁押所未曾违反羁押程序并因此被处罚关入单人监号，则他在普通服刑条件下的服刑期自羁押之日起计算。

（本款由 2003 年 12 月 8 日第 161 号联邦修订）

2. 被判刑人未因违反服刑程序受到处罚并且认真对待劳动的，在普通服刑条件下服满不少于 6 个月刑期之后，可以移转到宽松服刑条件下服刑。

3. 在普通服刑条件下服刑的被判刑人，如被认定为恶意违反服刑程序，应被移转到严格服刑条件下服刑。

4. 在宽松服刑条件下服刑的被判刑人，如被认定为恶意违反服刑程序，应被移送到普通服刑条件或者严格服刑条件下服刑。

5. 在服剥夺自由刑期间实施故意犯罪而被判刑的人在到达严格管束制度的改造营后，也在严格服刑条件下关押。

6. 至少 9 个月未因为违反服刑程序而受处罚时，才能从严格服刑条件下移转到普通服刑条件下服刑。

7. 从严格服刑条件下再次移转到普通服刑条件下或者从普通服刑条件下再次移转到宽松服刑条件下，应依照本条第 2 款和第 6 款规定的程序进行。

8. 从另一严格管束制度的改造营移送来的被判刑人，应在与移送前为他们规定的相同的服刑条件下服刑。

第 123 条　在严格管束制度的改造营服剥夺自由刑的条件

1. 被判处剥夺自由的人在严格管束制度的改造营中普通服刑条件下服刑的，在宿舍居住。准许他们：

（1）除本法典第 88 条规定的金额外，每月还可以花费个人账户上的 2000 卢布以下用于购买食品和生活必需品；

（本项由2006年4月3日第46号联邦法律、2009年2月14日第23号联邦法律修订）

（2）一年中接受3次短期探视和3次长期探视；

（3）一年中接收4个包裹或转交物品和4个印刷邮件。

2. 在宽松服刑条件下服刑的被判刑人在宿舍居住。准许他们：

（1）除本法典第88条规定的金额外，每月还可以花费个人账户上的3000卢布以下用于购买食品和生活必需品；

（本项由2006年4月3日第46号联邦法律、2009年2月14日第23号联邦法律修订）

（2）一年中接受4次短期探视和4次长期探视；

（3）一年中接收6个包裹或转交物品和6个印刷邮件。

3. 在严格服刑条件下服刑的被判刑人，住在上锁的监舍内。准许他们：

（1）除本法典第88条规定的金额外，每月还可以花费个人账户上的1000卢布以下用于购买食品和生活必需品；

（本项由2006年4月3日第46号联邦法律、2009年2月14日第23号联邦法律修订）

（2）一年中接受2次短期探视和1次长期探视；

（3）一年中接收2个包裹或转交物品和2个印刷邮件；

（4）享有每天一个半小时的放风。

第124条　特别管束制度的改造营

1. 在特别管束制度的改造营中的普通服刑条件下服刑的是：被判处在该改造机构服刑的被判处剥夺自由的人，但在服剥夺自由刑期间实施故意犯罪而被判刑的人和实施严重犯罪和特别严重犯罪而被判刑的人除外；以及从宽松服刑条件下和严格服刑条件下移转来的被判刑人。如果被判刑人在侦查羁押所未曾违反羁押程序并因此被处罚关入单人监号，则他在普通服刑条件下的服刑期自羁押之日起计算。

（本款由 2003 年 12 月 8 日第 161 号联邦修订）

2. 被判刑人未因违反服刑程序受到处罚并且认真对待劳动的，在普通服刑条件下服满不少于一年刑期之后，可以移转到宽松服刑条件下服刑。

3. 在普通服刑条件下服刑的被判刑人，如被认定为恶意违反服刑程序，应被移转到严格服刑条件下服刑。

4. 在宽松服刑条件下服刑的被判刑人，如被认定为恶意违反服刑程序，应被移转到普通服刑条件或者严格服刑条件下服刑。

5. 在服剥夺自由刑期间实施故意犯罪而被判刑的人，在到达特别管束制度的改造营后，也应在严格服刑条件下关押。

（本款由 2003 年 12 月 8 日第 161 号联邦修订）

6. 至少一年未因为违反服刑程序而受处罚时，才能从严格服刑条件下移转到普通服刑条件下服刑。

7. 从严格服刑条件下再次移转至普通服刑条件下或者从普通服刑条件下再次移转到宽松服刑条件下，应依照本条第 2 款和第 6 款规定的程序进行。

8. 从另一特别管束制度的改造营移送来的被判刑人，应在与移送前为他们规定的相同的服刑条件下服刑。

第 125 条　在特别管束制度的改造营服剥夺自由刑的条件

1. 被判处剥夺自由的人在特别管束制度的改造营中普通服

刑条件下服刑的，在宿舍居住。准许他们：

（1）除本法典第88条规定的金额外，每月还可以花费个人账户上的1000卢布以下用于购买食品和生活必需品；

（本项由2006年4月3日第46号联邦法律、2009年2月14日第23号联邦法律修订）

（2）一年中接受2次短期探视和2次长期探视；

（3）一年中接收3个包裹或转交物品和3个印刷邮件。

2. 在宽松服刑条件下服刑的被判刑人在宿舍居住。准许他们：

（1）除本法典第88条规定的金额外，每月还可以花费个人账户上的2000卢布以下用于购买食品和生活必需品；

（本项由2006年4月3日第46号联邦法律、2009年2月14日第23号联邦法律修订）

（2）一年中接受3次短期探视和3次长期探视；

（3）一年中接收4个包裹或转交物品和4个印刷邮件。

3. 在严格服刑条件下服刑的被判刑人，住在牢房型监舍内。准许他们：

（1）除本法典第88条规定的金额外，每月还可以花费个人账户上的700卢布以下用于购买食品和生活必需品；

（本项由2006年4月3日第46号联邦法律、2009年2月14日第23号联邦法律修订）

（2）一年中接受2次短期探视；

（3）一年中接收1个包裹或转交物品和1个印刷邮件；

（4）享有每天一个半小时的放风。

第 126 条　被判处终身剥夺自由的人服刑的特别管束 制度的改造营

被判处终身剥夺自由的人，以及被判处死刑获得特赦而被改判终身剥夺自由的人，在特别管束制度的改造营中与其他被判刑人分开服刑。

第 127 条　被判处终身剥夺自由的人在特别管束 制度的改造营中服剥夺自由刑的条件

1. 被判处终身剥夺自由的人关押在牢房中，每间一般不超过两个人。根据被判刑人的请求和在其他必要情况下，在发生对被判刑人人身安全的威胁时，可以由改造机构首长决定将他们关押在单人牢房中。上述被判刑人劳动的组织应考虑被判刑人在牢房中进行关押的各项要求。

2. 被判刑人有权每天放风一个半小时。如被判刑人表现良好并且有可能时，放风的时间可以增加到 2 小时。

3. 所有被判刑人，在到达特别管束制度的改造营后，均应关押在严格服刑条件下。至少在严格条件下服刑满 10 年后，才能依照本法典第 124 条第 6 款规定的根据从严格服刑条件移转到普通服刑条件下服刑。如果被判刑人在侦查羁押所未曾违反羁押程序并因此被处罚关入单人监号，则他在严格服刑条件下的服刑期自羁押之日起计算。

（本款由 2003 年 12 月 8 日第 161 号联邦法律修订）

4. 在普通服刑条件下服刑满 10 年后，被判刑人可以依照本法典第 124 条第 2 款规定的根据移转到宽松服刑条件下服刑。

5. 在宽松服刑条件下服刑的被判刑人，如被认定为恶意违反服刑程序，应移转到普通服刑条件下或者严格服刑条件下服刑，而在普通条件下服刑的被判刑人被认定为恶意违反服刑程序的，则应移转到严格服刑条件下服刑。再次移转到普通服刑条件下或宽松服刑条件下，应根据本条第 3 款和第 4 款规定的程序进行。

6. 被判刑人在普通服刑条件、宽松服刑条件和严格服刑条件下服刑的程序中涉及花钱购买食品和生活必需品，接受探视的次数和种类，接收包裹、转交物品和印刷邮件的数量等的部分，由本法典第 125 条规定。

第 128 条　改造村

1. 下列人在改造村服剥夺自由刑：

（1）过失实施犯罪的人，以前未服过剥夺自由刑的人；

（2）故意实施轻罪和中等严重犯罪而初次被判刑的人；

（3）过失实施犯罪，以前服过剥夺自由刑的人；

（4）表现良好而依照本法典第 78 条从普通管束制度的改造营和严格管束制度的改造营移送来的被判刑人。

（本款由 2010 年 3 月 29 日第 36 号联邦法律修订）

2. 本条第 1 款第(1)项和第(2)项所列人员，与本条第 1 款第(3)项和第(4)项所列人员分开服剥夺自由刑。在改造村，被判刑人在相同的服刑条件下服剥夺自由刑。

（本款由 2010 年 3 月 29 日第 36 号联邦法律修订）

3. 在同一改造村可以关押被判刑男子和被判刑妇女。因参与共同犯罪而被判刑的人，一般应分开服剥夺自由刑。

第 129 条　在改造村服剥夺自由刑的条件

1. 在改造村，被判处剥夺自由的人：

（1）无人看守，但接受改造村行政的监管；从起床到就寝的时间里，有权在改造村范围内自由往来；如果因所完成工作的性质或者因参加学习之必需，则经改造村行政批准，可以不受监管地在改造村外自由往来，但不得超出改造村所在的地方自治组织的区域；可以穿着一般平民衣服；可以随身保存金钱和贵重物品；花钱不受限制；接收包裹、转交物品、印刷邮件；可以不限次数地接受探视。

（本项由 2010 年 3 月 29 日第 36 号联邦法律修订）

（2）一般居住在他们的专用宿舍里。如果被判刑人未违反服刑程序并且有家属，根据改造村首长的决定，可以准许他们与其家属一起在改造村内或改造村所在地方组织区域内的租赁房屋或自有房屋中居住。上述被判刑人必须到改造村进行登记，每月不超过 4 次。登记的具体次数由改造村首长的决议规定。改造村行政的代表在任何时间均可造访被判刑人居住的房屋。

（本项由 2010 年 3 月 29 日第 36 号联邦法律修订）

（3）持有证明被判刑人身份的规定格式的证件。被判刑人的身份证和其他个人证件在其个人卷宗中保存。

2. 禁止被判刑人在改造村区域内和他们工作的客体上使用和保管《改造机构内部规章》开列清单的物品和物质。

（本款由 2010 年 3 月 29 日第 36 号联邦法律修订）

3. 被判刑人的劳动由俄罗斯联邦劳动立法调整，但关于招工、解除工作和调动工作的规则除外。被判刑人工作的企业与改造村的行政协商后，可以将被判刑人调往其他工作，包括调到其他地区。

4. 准许被判刑人在改造村所在地方自治组织区域内的高等教育机构和职业教育机构进行函授学习。

（本款由 2010 年 3 月 29 日第 36 号联邦法律、2013 年 7 月 2 日第 185 号联邦法律修订）

5. 对在改造村服剥夺自由刑的和未从事社会有益劳动的被判刑人适用禁止一个月内在工余时间离开宿舍区域这一处罚时，他们每天至少放风 2 小时。

（本款由 2008 年 12 月 22 日第 271 号联邦法律增补）

第 130 条　监狱

1. 在监狱中关押的是：被判处 5 年以上剥夺自由并在监狱服部分刑期的人，以及因在普通管束制度、严格管束制度和特别管束制度的改造营中违反服刑程序而移送到监狱服刑 3 年以下的被判刑人。监狱中还可以关押依照本法典第 77 条规定的根据而被关押在那里的被判刑人。根据法院刑事判决在监狱服刑的时间自被判刑人到达监狱之日起计算。如果被判刑人在侦查羁押所未曾违反羁押程序并因此被处罚关入单人监号，则他在监狱的服刑期自羁押之日起计算。

（本款由 2001 年 3 月 9 日第 25 号联邦法律、2003 年 12 月 8 日第 161 号联邦法律修订）

2. 在监狱中规定有普通管束制度和严格管束制度。

3. 在严格管束制度下关押的是被判处在该改造机构服刑的被判刑人和从普通管束制度下移转来的被判刑人。

4. 在严格管束制度下不得关押一等和二等残废的被判刑人。

（本款由 2001 年 3 月 9 日第 25 号联邦法律修订）

5. 在严格管束制度下至少服完一年刑期后，被判刑人才可以移转到普通管束制度下服刑。

6. 在普通管束制度下服刑的被判刑人，如果被认定为恶意违反服刑程序，应移转到严格管束制度下服刑。再次移转到普通管束制度下可以依照本条第 5 款规定的程序进行。

第 131 条 在监狱服剥夺自由刑的条件

1. 被判处剥夺自由的人在监狱中应在上锁的公共牢房里关押。在必要情况下，可以根据监狱长说明理由的决定并经检察长同意将被判刑人关押在单人牢房。

2. 应遵守本法典第 80 条的要求将被判刑人分别安排在牢房关押。此外，普通管束制度和严格管束制度下的被判刑人应分别关押。与其他被判刑人隔离并且彼此分开关押的还有：从一个改造机构移送到另一个改造机构的被判刑人；留在监狱完成庶务性工作的被判刑人。

3. 关押在监狱的被判刑人白天时间在牢房在监狱范围内有专门设施的露天放风。在被判刑人违反内部规章时，放风可以提前结束。

4. 准许在普通管束制度下服刑的被判刑人：

（1）除本法典第 88 条规定的金额外，每月还可以花费个人账户上的 800 卢布以下用于购买食品和生活必需品；

（本项由 2006 年 4 月 3 日第 46 号联邦法律、2009 年 2 月 14 日第 23 号联邦法律修订）

（2）一年中接受 2 次短期探视和 2 次长期探视；

（3）一年中接收 2 个包裹或转交物品和 2 个印刷邮件；

（4）享有每天一个半小时的放风。

5. 准许在严格管束制度下服刑的被判刑人：

（1）除本法典第 88 条规定的金额外，每月还可以花费个人账户上的 600 卢布以下用于购买食品和生活必需品；

（本项由 2006 年 4 月 3 日第 46 号联邦法律、2009 年 2 月 14 日第 23 号联邦法律修订）

（2）一年中接受 2 次短期探视；

（3）一年中接收 1 个包裹和 1 个印刷邮件；

（4）享有每天 1 小时的放风。

第十七章　　在教养营执行剥夺自由刑的特点

第 132 条　教养营

（本条由 2001 年 3 月 9 日第 25 号联邦法律修订）

1. 教养营规定有普通服刑条件、宽松服刑条件、优待服刑条件和严格服刑条件。

（本款由 2001 年 3 月 9 日第 25 号联邦法律修订）

2. 在教养营中的普通服刑条件下服刑的是：被判处到教养营服刑的未成年被判刑人，但因在服刑期间所实施的故意犯罪而被判刑的未成年人除外；以及从宽松服刑条件、优待服刑条件或严格服刑条件下移转来的未成年被判刑人。

如果被判刑人在侦查羁押所未曾违反羁押程序并因此被处罚关入单人监号，则他在普通服刑条件下服刑的期限自羁押之日起计算。

（本段由 2003 年 6 月 11 日第 75 号联邦法律修订）

（本款由 2001 年 3 月 9 日第 25 号联邦法律修订）

3. 因在服剥夺自由刑期间所实施的故意犯罪而被判刑的人，

以及以前服过剥夺自由刑的人，在严格服刑条件下服刑。在严格服刑条件下服刑的还有被认定为恶意违反服刑程序的被判刑人和从普通服刑条件和宽松服刑条件下移转来的被判刑人。未因违反服刑程序而受到处罚并认真劳动和学习满 6 个月后，他们可以移转到普通服刑条件下服刑。

（本款由 2001 年 3 月 9 日第 25 号联邦法律修订）

未成年被判刑人在检疫所的时间计入在严格服刑条件下服刑的时间，以及如果未成年被判刑人曾被适用相应的强制措施，而他并未违反羁押程序并因此被处罚关入单人监号，则他的羁押期亦计入在严格服刑条件下服刑的时间。

（本段由 2003 年 12 月 8 日第 161 号联邦法律增补）

4. 被判刑人如未因违反服刑程序而受到处罚，并且认真劳动和学习的，在下列情况下可以从普通服刑条件下移转到宽松服刑条件下服刑：

（1）初次服剥夺自由刑的被判刑男子，以及所有各类被判刑妇女——在普通服刑条件下服满 3 个月刑期后；

（2）以前服过剥夺自由刑的被判刑男子——在普通服刑条件下服满 6 个月刑期后。

5. 为了准备释放，在宽松服刑条件下服刑的被判刑人应移转到优待服刑条件下服刑。

（本段由 2003 年 12 月 8 日第 161 号联邦法律修订）

6. 在普通服刑条件下服刑的被判刑人，如被认定为恶意违反服刑程序，应移转到严格服刑条件下服刑。

7. 被认定为恶意违反服刑程序的被判刑人，应从宽松服刑条件下移转到普通服刑条件下或严格服刑条件下服刑。

8. 在优待服刑条件下服刑的被判刑人，如被认定为恶意违反服刑程序，应移转到普通服刑条件下服刑。至少要在回到宽松服刑条件下6个月以后才能再次移转到优待服刑条件下服刑。

9. 将被判刑人从一种服刑条件移转到另一种服刑条件，由教养营首长根据该教养营的教学教育委员会的报告进行，但不得从普通服刑条件移送到宽松服刑条件。此种移转应根据劳动教养队委员会的报告进行。

10. 如果被判刑人不同意移送到严格服刑条件下服刑，则他有权按照法定程序对移送决定提出申诉。

（本款由2003年12月8日第161号联邦法律增补）

第133条　在教养营服剥夺自由刑的条件

（本条由2001年3月9日第25号联邦法律修订）

1. 在普通管束制度的教养营服刑的被判刑人在宿舍居住。准许他们：

（本段由2001年3月9日第25号联邦法律修订）

（1）除本法典第88条规定的金额外，每月还可以花费个人账户上的4000卢布以下用于购买食品和生活必需品；

（本项由2006年4月3日第46号联邦法律、2009年2月14日第23号联邦法律修订）

（2）一年中接受8次短期探视和4次长期探视；

（本项由2003年12月8日第161号联邦法律修订）

（3）（删除）

（本项由2001年3月9日第25号联邦法律删除）

2. 在宽松服刑条件下服刑的被判刑人在教养营的宿舍居住。准许他们：

（1）除本法典第88条规定的金额外，每月还可以花费个人账户上的 6000 卢布以下用于购买食品和生活必需品；

（2）一年中接受 12 次短期探视和 4 次长期探视；根据教养营行政的决定，长期探视可以在教养营范围之外进行；

（3）（删除）

（本项由 2001 年 3 月 9 日第 25 号联邦法律删除）

3. 在优待服刑条件下服刑的被判刑人在教养营的宿舍居住。准许他们：

（1）每月花费个人账户上的钱购买食品和生活必需品，数额不受限制；

（2）接受短期探视的次数不受限制，以及在一年中接受 6 次长期探视并在教养营范围之外居住；

（本款由 2001 年 3 月 9 日第 25 号联邦法律修订）

4. 对在优待条件下服刑的被判刑人，根据教养营首长的决定，准许在教养营之外居住，无人看守，但应接受教养营行政的监管。在这种情况下准许他们：

（1）用钱；

（2）穿着平民衣服；

（本款由 2001 年 3 月 9 日第 25 号联邦法律增补）

5. 在严格服刑条件下服刑的被判刑人，在隔离的住房内居住，工余和学习之余的时间住房上锁。准许他们：

（1）除本法典第 88 条规定的金额外，每月还可以花费个人账户上的 3000 卢布以下用于购买食品和生活必需品；

（2）（删除）

（本项由 2001 年 3 月 9 日第 25 号联邦法律删除）

（3）一年中接受 6 次短期探视。

（本项由 2003 年 12 月 8 日第 161 号联邦法律修订）

第 134 条　在教养营对被判处剥夺自由的人适用的
　　　　　 奖励措施

（本条由 2001 年 3 月 9 日第 25 号联邦法律修订）

对表现良好、认真劳动和学习、积极参加教育活动的未成年被判刑人，除本法典第 113 条规定的奖励措施外，还可以适用下列奖励措施：

（本段由 2001 年 3 月 9 日第 25 号联邦法律修订）

（1）有权在本教养营工作人员陪同下离开教养营外出参加文化娱乐活动和体育活动；

（2）有权在父母、代替父母的人或其他近亲属陪同下离开教养营外出；

（3）（失效）

（本项由 2001 年 3 月 9 日第 25 号联邦法律删除）

（4）提前从严格服刑条件移送到普通服刑条件下。

（本项由 2003 年 12 月 8 日第 161 号联邦法律增补）

第 135 条　教养营中对被判处剥夺自由的人适用
　　　　　 奖励措施的特点

（本条由 2001 年 3 月 9 日第 25 号联邦法律修订）

1. 对于作为奖励而有权在本教养营工作人员陪同下离开教养营外出参加文化娱乐活动和体育活动和有权在父母、代替父母的人或其他近亲属陪同下离开教养营外出的被判刑人，应发给归他们所有的一般平民服装。

2. 不准许被判刑人参加在夜间举行的文化娱乐活动和体育活动。

3. 离开教养营外出的时间由教养营首长规定，但不得超过 8 小时。

4. 通过奖励措施提前从严格服刑条件移送到宽松服刑条件应至少在严格服刑条件下服满 3 个月并遵守本法典第 114 条第 4 款规定的要求时方能进行。

（本款由 2007 年 12 月 1 日第 299 号联邦法律增补）

第 136 条 教养营中对被判处剥夺自由人适用的处罚措施

（本条由 2001 年 3 月 9 日第 25 号联邦法律修订）

对违反服刑程序的未成年被判刑人，除本法典第 115 条第 1 款第（1）项和第（2）项规定的处罚措施外，还可以适用下列处罚措施：

（1）剥夺一个月看电影的权利；

（2）关入纪律隔离室 7 天以下，但可以离开隔离室参加学习。

第 137 条 教养营中对被判处剥夺自由的人适用处罚 措施的程序

（本条由 2001 年 3 月 9 日第 25 号联邦法律修订）

1. 对被关押在纪律隔离室的被判刑人：禁止接受长期探视，禁止打电话；禁止购买食品和生活必需品；禁止接收包裹、转交物品和印刷邮件；禁止使用台式游戏机和吸烟。他们有权享有每天 2 小时的放风。

2. 对被关押在纪律隔离室的被判刑人，可以适用除关押在纪律隔离室以外的所有处罚措施。

3. 为了教育的目的或者根据医疗证明，允许根据教养营首长或代行其职务的人员的决定允许将被判刑人从纪律隔离室提前释放。

（本款由 2005 年 4 月 1 日第 29 号联邦法律修订）

第 138 条　对被刑人适用奖励措施和处罚措施的教养营公职人员

1. 教养营的首长和代行其职务的人员有权适用所有各种奖励措施和处罚措施。

2. 劳动教养队长有权适用以下奖励措施：

（1）表扬；

（2）准许额外花钱购买食品和生活必需品；

（3）（失效）

（本项由 2007 年 12 月 1 日第 299 号联邦法律删除）

（4）提前撤销队长以前给予的处罚。

3. 支队的教养员有权适用以下奖励措施：

（1）表扬；

（2）提前撤销支队教养员以前给予的处罚。

4. 劳动教养队长有权适用下列处罚措施：

（1）警告；

（2）剥夺一个月看电影的权利。

5. 支队教养员有权宣布警告。

第 139 条　被判处剥夺自由的人达到成年后仍留在教养营

1. 为了巩固改造成果、完成普通中等教育或职业教训，可以留在教养营直至刑满，但不得超过他们年满 19 岁。

（本款由 2001 年 3 月 9 日第 25 号联邦法律、2008 年 12 月

22 日第 261 号联邦法律、2013 年 7 月 2 日第 185 号联邦法律修订）

2. 对年满 18 岁后仍留在教养营的被判刑人，亦适用对未成年被判刑人规定的服刑条件、伙食和物质保障标准。

3. 被判刑人年满 18 岁后留在教养营的事宜，根据教养营首长的决议，并经检察长的批准办理。

第 140 条　将被判处剥夺自由的人从教养营移送到改造营

1. 被判处剥夺自由的人表现不好的，在年满 18 岁后，则应从教养营移送到该隔离区，或者直接移送到普通管束制度的改造营。

（本款由 2003 年 12 月 6 日第 161 号联邦法律修订）

2. 关于将年满 18 岁的被判刑人移送到教养营中实行普通管束制度改造营制度的隔离区，或移送到改造营的决定由法院依照俄罗斯联邦刑事诉讼立法规定的程序作出。

（本款由 2003 年 12 月 6 日第 161 号联邦法律修订）

3. 所有年满 19 岁的被判刑人，均应根据教养营首长的决定从教养营移送到教养营中实行改造营普通管束制度的隔离区或移送到普通管束制度的改造营。

（本款由 2003 年 12 月 6 日第 161 号联邦法律、2008 年 12 月 22 日第 261 号联邦法律修订）

第 141 条　教学教育过程的组织

1. 为了对被判处剥夺自由的人进行改造和培养他们准备独立生活，应组织统一的教学教育过程，以便培养被判刑人守法和认真对待劳动和学习、获得职业培训和中等职业教育，提高教育水平和文化水平。

（本款由 2013 年 7 月 2 日第 185 号联邦法律修订）

2. 被判刑人的普通教育、按照熟练工作和职员培养大纲的中等职业教育以及职业培训在普通教育机构、职业教育机构和教养营的教学生产（劳动）车间进行。

（本款由 2013 年 7 月 2 日第 185 号联邦法律修订）

3. 允许未成年被判刑人在高等教育机构和职业教育机构接受函授教育。

（本款由 2003 年 12 月 8 日第 161 号联邦法律增补，〔2006 年 4 月 3 日第 46 号联邦法律、2013 年 7 月 2 日第 185 号联邦法律修订〕）

第 142 条　社会团体参与教养营的工作

1. （失效）

（本款由 2013 年 12 月 21 日第 378 号联邦法律删除）

2. 为了提高对被判刑人教育感化的效果和协助教养营的行政，教养营的教养队可以成立由被判刑人的父母、代替父母的人和其他近亲属组成的家长委员会，家长委员会的活动由教养营首长批准的条例调整。

第五编　限制军职刑、拘役刑和军纪营管束刑对被判刑军人的执行

第十八章　限制军职刑的执行

第143条　限制军职刑的执行程序和条件

1. 依据法院刑事判决，部队指挥员在收到法院刑事判决副本和执行令的 3 日以内发布命令，宣布有何根据，在多长期限内被判刑军人不得晋升职务和授予军衔，多长期限不计入正常授予军衔的军龄。此外，还应指出被判刑军人在服限制军职刑期间依据法院判决扣除多大数额的军饷并划入相应预算。命令向部队宣布，通知被判刑军人本人，并予以执行。

2. 关于收到刑事判决，发布相应的命令及付诸执行的情况，部队指挥员在 3 日内通知作出刑事判决的法院。命令的副本应送交法院。

第144条　从被判刑军人的军饷中扣款

法院刑事判决规定的从被判刑军人军饷中扣款数额根据其职务工资、军衔工资、月津贴和其他津贴以及其他额外金钱收入计算。

第145条　被判刑军人的调动

1. 在法院刑事判决的期限内作为刑罚的执行，被判处限制军职的军人不得晋升职务。

2. 如果考虑到犯罪的性质和其他情节，被判刑军人不能留任与领导下级有关的职务，根据部队有关指挥员的决定，被判刑军人应调任其他职务，可在本部队范围内，也可调至其他部队或地区。调动情况应通知作出刑事判决的法院。

第 146 条　对被判刑军人的教育工作

根据被判刑军人犯罪的性质和社会危害性的程度、被判刑军人的个人身份及其表现和对军职的态度，部队指挥员对之进行教育工作。

第 147 条　限制军职刑执行的终止

在法院刑事判决和部队所发布命令确定的限制军职期限届满至少 3 日以前，部队指挥员发布关于终止执行限制军职刑的命令，并指明终止的日期。命令副本应送交作出判决的法院。

第 148 条　被解除军职的被判刑军人免于服限制军职刑或进行改判

法院刑事判决规定的刑期届满之前，被判刑军人可以依据俄罗斯联邦立法规定的理由解除军职。在此情况下，部队指挥员向法院送交关于将未服满部分的刑罚改判较轻刑罚或免除刑罚的报告。

第十九章　拘役刑对被判刑军人的执行

第 149 条　被判刑军人服拘役刑的场所

（本条由 2014 年 2 月 3 日第 7 号联邦法律修订）

被判处拘役的军人在禁闭室服刑。

第150条　被判刑军人分开关押

1. 被判刑军官与其他各种被判刑军人分开关押。

2. 有准尉、海军准尉、军士、海军军士军衔的被判刑军人与被判刑列兵分开关押。

3. 应征服兵役的被判刑军人与依照合同服现役的被判刑军人分开关押。

4. 被判刑军人与由于其他原因被拘留的军人分开关押。

第151条　将被判刑军人押送到禁闭室

被判处拘役的军人应在接到法院刑事判决执行书之后的10日内押送至禁闭室服拘役刑。

第152条　被判刑军人服拘役刑的程序和条件

被判刑军人服拘役刑的程序和条件由本法典、在国防领域行使制订和实现国家政策及进行规范性法律调整职能的联邦行政机关的规范性法律文件以及被判刑军人服刑规则规定。

（本条由2008年11月8日第194号联邦法律修订）

第153条　对被判刑军人适用的奖励和处罚措施

1. 对有模范表现和认真对待军职的被判刑军人，可以适用表扬、提前撤销以前的处分或将服拘役刑的时间全部或部分计入一般军龄等奖励措施。

2. 对违反服刑程序的被判刑军人可以适用的处罚措施：警告或移送单人禁闭室，期限为10日以内。

3. 俄罗斯联邦武装力量军事警察机关的首长和卫戍区首长享有适用奖励和处分措施的权利。

（本款由 2014 年 2 月 3 日第 7 号联邦法律修订）

第 154 条　被判刑军人法律地位的特点

1. 服拘役刑的时间不计入一般军龄和正常授予军衔所需的军龄。

2. 被判刑军人在服拘役刑期间不得正常授予军衔、任命上一级职务、调动服役地点和解除军职，但由于身体状况被认定不适合继续服役的情况除外。

3. 对被判刑军人在服拘役刑期间根据军衔工资数额发给军饷。

第二十章　军纪营管束刑的执行

第 155 条　军纪营管束刑的服刑场所

1. 被判处军纪营管束的军人在单独的军纪营或军纪连服刑。军纪营的组织结构和数量由在国防领域行使制订和实现国家政策及进行规范性法律调整职能的联邦行政机关规定。

（本款由 2008 年 11 月 8 日第 194 号联邦法律修订）

2. 被判刑军人的遣送和收入军纪营依照被判刑军人服刑规则进行。

3. 对被判刑军人适用本法典规定的基本改造手段，以及服兵役所决定的其他手段。

第 156 条　军纪营的管束制度

1. 在军纪营规定执行刑罚和服刑的程序，以保障对被判刑军人的改造，对他们的军纪教育，对军职自觉态度的培养，履行他们应完成的军人义务和军训的要求，保障实现他们的权利和合法利益，保障对被判刑军人的看守和监管，保障被判刑军人和军纪营工作人员的人身安全。

2. 被判刑军人应当遵守军纪营中管束制度的各项要求。

3. 在服军纪营管束刑期间，所有被判刑军人，无论他们是何军衔，以前担任何职务，均应按普通士兵（水兵）对待，穿着军纪营规定的统一制服并佩戴识别标志。

第 157 条　军纪营管束制度的特点

1. 军纪营管束制度依照本法典第十二章和本条的要求予以保障。

2. 准许被判刑军人随身保存的物品的清单和数量由被判刑军人服刑规则确定。不准许被判刑军人随身保存现金、有价证券和其他贵重物品，以及未列入清单的物品。

3. 在被判刑军人身边发现的现金、有价证券和其他贵重物品应予以收缴，并根据上述规则进行保管，直到服刑期满。从被判刑军人身边收缴的违禁物品，根据军纪营指挥员的命令交付保管或予以销毁，对此应制作相应的文书。

第 158 条　被判刑军人的探视

1. 被判刑军人有权接受短期和长期探视。

2. 短期探视是接受亲属和其他人员的探视，每个月 2 次，时间不超过 4 小时。

3. 长期探视是接受配偶和近亲属的探视，经军纪营首长准许时接受其他人员的探视，每年 4 次，每次不超过 3 昼夜，并有权在军纪营中有专门设备的房舍一起居住，或根据军纪营指挥员酌定，在军纪营以外一起居住。

（本款由 2003 年 12 月 8 日第 161 号联邦法律修订）

4. 被判刑军人在接受长期探视期间免于履行公务、劳动和学习。

5. 根据被判刑军人的请求，短期探视和长期探视可以用通电话替代。

6. 为获得法律帮助，根据被判刑军人的申请，他们可以与律师或其他有权提供法律帮助的人员会面。根据被判刑人和上述人员的愿望可以提供单独会面。上述会见的次数不受限制。

（本款由 2005 年 5 月 2 日第 58 号联邦法律修订）

7. 对依照纪律程序被羁押的军人，可以根据他们的请求聘请按规定程序注册的宗教团体的神职人员前来，请哪位神职人员由被判刑人选择。

（本款由 2003 年 12 月 8 日第 161 号联邦法律增补，2006 年 5 月 2 日第 58 号联邦法律修订）

第 159 条　被判刑军人接收包裹、转交物品和印刷邮件

1. 被判刑军人有权每月接收 1 个包裹，在接受探视时接收转交物品和接收印刷邮件，数量不受限制。

2. 包裹、转交物品和印刷邮件应启封，其中的物品在军纪营代表监督下由收件的被判刑军人取出。

3. 在包裹、转交物品和印刷邮件中发现的禁止被判刑军人拥有的物品应予以收缴，列入被判刑军人个人收缴物品清单并

与其他的个人物品一起保管，直至服刑期满。在这种情况下，禁止流通的物品应予以没收，并不再退还被判刑军人。如发现此类物品，军纪营指挥员立即通知检察长。

4. 被判刑军人收到的钱款划入其个人账户。

第 160 条　被判刑军人的通信

1. 被判刑军人有权接收和发送信件、明信片和电报，数量不受限制。

（本款由 2012 年 12 月 30 日第 304 号联邦法律修订）

2. 信件和明信片由军纪营代表转交，并应在其监督下由被判刑军人开启，发现夹寄的违禁物品应予以没收。

（本款由 2012 年 12 月 30 日第 304 号联邦法律修订）

3. 被判刑军人的信件、明信片和电报的内容不进行检查。

（本款由 2012 年 12 月 30 日第 304 号联邦法律修订）

第 161 条　被判刑军人购买食品和生活必需品

被判刑军人有权每月用其个人账户上的，数额为 3000 卢布以下的款项购买食品和生活必需品，以及有权将每月领到的军饷全部用于上述需要。

（本条由 2003 年 12 月 8 日第 161 号联邦法律、2009 年 2 月 14 日第 23 号联邦法律修订）

第 162 条　被判刑军人离开军纪营短期外出

1. 因个人特殊情况（近亲属死亡或患危及生命的重病，给被判刑军人本人或家庭造成重大物质损失的自然灾害）准许被判刑军人离开军纪营短期外出，期限为 7 日以内，往返路程时间不计算在内。被判刑军人在军纪营之外停留时间计入服刑期。

2. 被判刑军人不享有军人的规定休假。

第 163 条　被判刑军人的军事训练

被判刑军人的军事训练、军事教育和思想教育，按照在国防领域行使制订和实现国家政策及进行规范性法律调整职能的联邦行政机关制定的专门大纲进行。为此应建立必要的教学物质设施。

（本款由 2008 年 11 月 8 日第 194 号联邦法律修订）

第 164 条　被判刑军人的劳动

1. 被判刑军人在军纪营的工程上或在国防领域行使制订和实现国家政策及进行规范性法律调整职能的联邦行政机关确定的其他工程上参加劳动，以及参加改善军纪营设施的劳动。

（本款由 2008 年 11 月 8 日第 194 号联邦法律修订）

2. 如果不能保证被判刑军人参加本条第 1 款所述工程的劳动，在遵守军纪营管束制度的前提下可吸收被判刑军人参加其他单位的劳动。

3. 被判刑军人劳动的组织，应遵守俄罗斯联邦劳动立法规定的劳动保护、安全和生产卫生技术规则。

4. 被判刑军人完成工作的价值，根据其工作所在单位规定的定价确定。

5. 被判刑军人工资总额的 50% 划入军纪营的账户，用于补偿被判刑军人的生活费、军纪营设施的改善、建立和发展军纪营生产基地、设立物质奖励基金和解决被判刑军人社会生活需要问题。被判刑军人工资的其余部分划入其个人账户。

第 165 条　对被判刑军人的教育工作

1. 军纪营指挥人员对被判刑军人进行教育工作。

2. 被判刑军人原部队指挥人员应与军纪营指挥员保持经常联系，了解原部下的表现，并协助对他们进行改造。

3. 地方自治机关和社会团体协助军纪营指挥人员对被判刑军人进行教育工作。

第 166 条　军纪营中服刑条件的变更

1. 被判刑军人有模范的表现，认真对待军职和劳动的，在至少服满1/3的刑期后，可以根据军纪营指挥员的命令转移到宽松服刑条件下服刑。

2. 在宽松条件下服刑的被判刑军人划入为该种被判刑人设立的军纪营分队。准许他们：

（1）花费他们个人账户上的款项用于购买食品和生活必需品时，数额不受限制；

（2）一年当中额外接受2次长期探视；

（3）在军纪营外接受短期探视和长期探视；

（4）如果出于所执行的公务性质的需要，在军纪营外无人押送自由往来。

3. 在宽松条件下服刑的被判刑军人作为处罚可移转至普通服刑条件下服刑。至少在普通条件下服刑3个月以后才能依照本条第1款和第2款的规定的程序，再次移转至宽松条件下服刑。

第 167 条　对被判刑军人适用的奖励措施

1. 对被判刑军人适用以下奖励措施：

（1）表扬；

（2）发给奖品；

（3）发给奖金；

（4）准许增加 1 次短期或长期探视，或与亲属通 1 次电话；

（5）提前撤销以前所受的处罚。

2. 为了进一步改造被判刑军人，对被判刑军人表现良好和认真对待军职和劳动的，在实际服完法定部分的刑期之后，可以由军纪营指挥员提请将未服完部分的刑期改判为较轻的刑种。

（本款由 2003 年 12 月 8 日第 161 号联邦法律修订）

第 168 条　对被判刑军人适用的处罚措施

1. 对被判刑军人适用以下处罚措施：

（1）警告；

（2）严重警告；

（3）按纪律处分程序拘留 30 日以内。

2. 通过纪律程序被羁押的被判刑人军人，在军纪营禁闭室的单人牢屋中服刑。

（本款由 2006 年 5 月 2 日第 58 号联邦法律修订）

第 169 条　适用奖励和处罚措施的程序

军纪营指挥员适用奖励和处罚措施的权利、上述措施的适用和登记程序由在国防领域行使制订和实现国家政策及进行规范性法律调整职能的联邦行政机关依据军人章程的规定确定。

（本条由 2008 年 11 月 8 日第 194 号联邦法律修订）

第170条 被判刑军人的物质生活保障和医疗保障

1. 对被判刑军人根据军人章程的规定创造必要的居住、生活条件。

2. 按照对军职人员制定的标准，保障被判刑军人的粮食和物品的供应。

3. 根据俄罗斯联邦立法的规定对被判刑军人提供医疗保障。

4. 需要住院治疗的被判刑军人押送至医院并住在有专门设备的病房。在医院对被判刑军人的看守由医院所在地警备司令所属的兵力和装备进行。

5. 被判刑军人的军饷每月按职务工资或应征第一年服役士兵（水兵）一等津贴的数额划入其个人账户。不吸烟的补偿金划入被判刑军人个人账户。

6. 准许被判刑军人拥有以非现金结算形式购买或通过包裹、转交物品、印刷邮件接收的生活必需品和食品的清单，由被判刑军人服刑规则规定。

第171条 被判刑军人在军纪营的时间计入一般军龄

1. 被判刑军人在军纪营管束的时间不计入一般军龄。

2. 对掌握军事专业的、了解和准确执行军人章程并圆满执行军务的、在应征服役期期满后从军纪营释放的被判刑军人，可将军纪营管束的时间计入一般军龄。

3. 被判刑军人在军纪营管束的时间计入一般军龄的程序由在国防领域行使制订和实现国家政策及进行规范性法律调整职能的联邦行政机关确定。

（本款由2008年11月8日第194号联邦法律修订）

第六编　免于服刑　对免于服刑的被判刑人的
帮助和监督

第二十一章　免于服刑

第 172 条　免于服刑的根据

免于服刑的根据是：

（1）服满法院刑事判决所判处的刑期；

（2）法院判决撤销，案件终止；

（3）假释；

（4）将未服满的部分刑罚改判较轻的刑罚；

（5）特赦和大赦；

（6）严重疾病或致残；

（7）法律规定的其他根据。

第 172 - 1 条　关于免于服刑的通知

（本条由 2013 年 12 月 28 日第 432 号联邦法律增补）

关于免于服剥夺自由刑的事宜，刑罚执行机构的行政最迟应在免于释放前 30 天，而在提前释放前，如果被判刑人的个人卷宗中有关于通知被害人的法院裁决副本，则在释放当日通知被害人或其法定代理人。

第 173 条　服刑的终止和释放的程序

1. 剥夺担任一定职务或从事某种活动的权利、强制性社会公益劳动、劳动改造、限制自由、强制劳动、拘役、有一定期限的剥夺自由，以及限制军职和军纪营管束，在刑期最后一日终止服刑，并考虑到刑期可能的依法变更。

（本款由 2011 年 12 月 7 日第 420 号联邦法律修订）

2. 被判处强制劳动、拘役和有一定期限剥夺自由的人，在刑期最后一日的上午释放。如果刑期在节假日结束，则被判刑人在节假日的前一日释放。刑期以月计算时，刑期在最后一个月的相应日期结束，如果该月没有相应的日期，则在该月的最后一日结束。

（本款由 2009 年 12 月 27 日第 377 号联邦法律、2011 年 12 月 7 日第 420 号联邦法律修订）

3. 释放被判刑人时，应退还属于他的一般物品和贵重物品、个人账户上的钱款、个人证件和有价证券，以及证明被判刑人免除刑罚的文件和参加劳动活动的文件。

4. 保存在被判刑人个人卷宗中的服强制劳动刑、拘役刑或剥夺自由刑后释放人员的身份证、劳动手册和赡养金证明，在释放时应发给被判刑人本人。个人卷宗中没有身份证、劳动手册和赡养金证明的，以及身份证已经过期的，改造机构的行政应提前采取措施领取上述证明文件。如果必须领取新的身份证，则发放身份证有关的费用从被判刑人个人账户资金中扣除。如果被判刑人个人账户上没有资金，则与发放新身份证有关的费用由国家负担。

（本款由 2003 年 12 月 8 日第 161 号联邦法律、2009 年 12 月 27 日第 377 号联邦法律、2011 年 12 月 7 日第 420 号联邦法律修订）

5. 提前免于服刑在收到法院相关裁决、裁定、特赦令或按相关程序批准的对被判刑人适用大赦的决定的文件的当日进行，而如果上述文件是在工作日结束后收到的，则在次日早晨进行（特赦令或大赦令有不同规定的除外）。如果收到的法院裁定尚未生效也未对之提出申诉，则免于服刑在依上诉程序对上述裁决提出申诉的期限届满之日的次日早晨进行。

（本款由2011年11月6日第294号联邦法律修订）

6. 在劳动改造期限结束当日，由于其他原因免除此种刑罚时，则至迟在收到相应文件后的下一个工作日，刑事执行检查处应向被判刑人服劳动改造刑的单位的行政提出：停止从被判刑人工资中扣款。应向释放人员发放刑满释放或免于服刑的证明。

7. 对于因刑事案件终止、刑事判决撤销而不再服刑的被判刑人，执行刑罚的机关或机构的负责人应说明其恢复财产权利、劳动权利、住房权利和在服刑期间失去的其他权利的权利，在释放文件中以国家的名义向上述被判刑人正式致歉。

第173-1条　对从剥夺自由场所释放人员确定行政监管

（本条由2011年4月6日第66号联邦法律增补）

1. 对从剥夺自由场所释放的成年人，如果该人是危险的累犯或特别危险的累犯或者是因为对未成年人实施性侵害，则法院应依照联邦法律对他确定行政监管。

2. 对从剥夺自由场所释放的成年人，如果该人服刑是因为实施严重犯罪或特别严重犯罪或者是因为对未成年人实施故意犯罪的累犯（但本条第1款规定的犯罪除外），如果该人在剥夺自由场所服刑期间被认为恶意违反服刑程序，则法院应依照联邦法律确定行政监管。

3. 改造机构的行政至迟应在法院刑事判决规定的被判刑人服刑期届满前 2 个月向法院提出关于依照联邦法律规定的根据确定行政监管的申请。

4. 在法院关于对从剥夺自由场所释放人员确定行政监管的决定生效以后，改造机构的行政应在 7 日内将法院决定的副本送达被释放人员所选择住所地或居留地的内务机关。

5. 在被行政监管的人员从剥夺自由场所释放时，改造机构的行政应向他发给前往所选择住所地或居留地的命令，并考虑路途的必要时间规定到达的日期，同时向他说明逃避行政监管的刑事责任。

6. 应在本条第 4 款所列公文中，进行关于确定行政监管的加注以及指出所选择住所地或居留地的地址。

第 174 条 被判刑军人免予服刑

1. 正在服限制军职刑、拘役刑或军纪营管束刑的被判刑军人，由于患病致使不适合服兵役的，免于继续服刑。未服满的部分刑罚可以改判较轻的刑罚。

2. 服兵役期间服刑的被判刑军人，如出现俄罗斯联邦立法规定的其他退伍原因，法院可以按规定程序提前免除刑罚，将未服满部分的刑罚改判较轻的刑罚，或不改判较轻的刑罚。

第 175 条 提请提前免于服刑和将未服完部分的刑罚 改判为较轻刑种的程序

（本条由 2012 年 12 月 1 日第 208 号联邦法律修订）

1. 可以适用假释的被判刑人以及他的律师（法定代理人）在权向法院提出要求假释的申请。申请应包含证明被判刑人不需要服满法院判处的刑期的材料，因为在服刑期间被判刑人已经（完全或部分）弥补了犯罪所造成的损害，对自己的行为表示悔过。申请书还应包含证明被判刑人得到改造的其他信息材料。被判刑人通过改造机构的行政或被判刑人依照本法典第81条在其中服刑的刑罚执行机关的行政送交要求假释的申请。

（本款由2003年12月8日第161号联邦法律、2013年12月28日第432号联邦法律、2014年5月5日第104号联邦法律修订）

2. 被判刑人依照本法典第81条在其中服刑的刑罚执行机构的行政，至迟应在被判刑人递交假释申请之日起的15日内将上述申请和对被判刑人的鉴定送交法院。鉴定应该包含以下内容：被判刑人在整个服刑期间的行为表现、他对学习或劳动的态度，对自己所实施犯罪行为的态度，赔偿犯罪所造成损害的情况，以及改造机构行政关于被判刑人是否应予假释的结论。年满18岁的人对未达到14岁的未成年人实施性侵害而被判刑、司法精神病学鉴定认为患有不排除刑事责任的性变态（恋童癖）的，鉴定中还应包括对他适用强制性医疗措施的情况，他对治疗的态度。转交上述被判刑人要求假释的申请的同时，应向法院提交主治医生的结论。

（本款由2003年12月8日第161号联邦法律、2012年2月29日第14号联邦法律、2013年12月28日第432号联邦法律、2014年5月5日第104号联邦法律修订）

3. 如果可以将未服完部分的刑罚改判较轻刑种，被判刑人以及他的律师（法定代理人）有权向法院提出申请，要求将未服完部分的刑罚改判较轻的刑种。被判刑人通过改造机构的行政或被判刑人依照本法典第81条在其中服刑的刑罚执行机关的行政送交要求将未服完部分的刑罚改判较轻刑种的申请。上述机构或机关的行政至迟应在 10 日内将被判刑人递交要求将未服完部分的刑罚改判较轻刑种的申请书连同对被判刑人的鉴定一并送交法院。鉴定应该包含以下内容：被判刑人在整个服刑期间的行为表现、他对学习或劳动的态度，对自己所实施犯罪行为的态度，完全或部分赔偿犯罪所造成损害的情况。年满 18 岁的人对未达到 14 岁的未成年人实施性侵害而被判刑、并经司法精神病学鉴定认为患有不排队刑事责任的性变态（恋童癖）的，鉴定中还应包括对他适用强制性医疗措施的情况，他对治疗的态度。转交上述被判刑人申请的同时，应向法院提交主治医生的结论。

（本款由 2014 年 5 月 5 日第 104 号联邦法律修订）

3－1. 对表现良好的被判刑人，被判刑人依照本法典第 81 条在其中服刑的刑罚执行机构的行政应依照本法典第 113 条第 4 款向法院提请将未服完部分的刑罚改判较轻的刑种。关于将未服完部分的刑罚改判较轻刑种的报告应该包含以下内容：被判刑人在整个服刑期间的行为表现、他对学习或劳动的态度、对自己所实施犯罪行为的态度、（完全或部分）赔偿犯罪所造成损害的情况。年满 18 岁的人对未达到 14 岁的未成年人实施性侵害而被判刑，并且被司法精神病学鉴定认为患有不排队刑事责任的性变态（恋童癖）的，报告中还应包括对他适用强制性医疗措施的情况，他对治疗的态度。转交上述被判刑人申请的同时，应向法院提交主治医生的结论。

（本款由 2012 年 12 月 1 日第 208 号联邦法律增补，2013 年 12 月 28 日第 4232 号联邦法律、2014 年 5 月 5 日第 104 号联邦法律修订）

4. 适用大赦的程序由颁布大赦令的机关确定。

5. 因精神病发作而不能继续服刑的被判刑人或者其法定代理人有权向法院提出申请，要求依照《俄罗斯联邦刑法典》第81条免于继续服刑。被判刑人或其法定代理人应通过刑罚执行机构或机关的行政递交因精神病发作而要求免于继续服刑的申请。如果被判刑人本人或其法定代理人不能自主向法院提出申请，则刑罚执行机构或机关的首长应向法院提出因被判刑人精神病发作而免于其继续服刑的报告。与上述申请或报告同时提交给法院的还应有医疗委员会鉴定和被判刑人的个人卷宗。

（本款由2006年1月8日第12号联邦法律增补）

6. 被判刑人如罹患其他严重疾病因而不能继续服刑的，有权向法院申请依照《俄罗斯联邦刑法典》第81条免于继续服刑。关于因严重疾病而要求免于继续服刑的申请，被判刑人应通过刑罚执行机构或机关的行政向法院递交。与上述申请一起同时一并提交向法院的还应有医疗委员会鉴定和被判刑人的个人卷宗。

（本款由2006年1月8日第12号联邦法律增补）

7. 在被判处强制性社会公益劳动、劳动改造的人被认定为一等或二等残废时，而被判处强制劳动的被判刑人被认定为一等或二等残废时，被判刑人有权向法院提出申请，要求提交免于继续服刑。

（本款由2006年1月9日第12号联邦法律、2009年12月27日第377号联邦法律、2011年12月7日第420号联邦法律修订）

8. 妨碍继续服刑的疾病的清单，以及对因疾病而被提请免于服刑的被判刑人进行身体检查的程序，由俄罗斯联邦政府规定。

（本款由 2003 年 6 月 11 日第 75 号联邦法律增补）

9. 在被判处强制性社会公益劳动、劳动改造或强制劳动的妇女怀孕时，被判刑妇女有权向法院提出申请，要求自孕期和生育假期之日起延期服刑。

（本款由 2006 年 1 月 9 日第 12 号联邦法律、2009 年 12 月 27 日第 377 号联邦法律、2011 年 12 月 7 日第 420 号联邦法律修订）

10. 如果法院驳回假释或将未服完部分的刑期改判较轻刑种的申请，则自法院作出驳回申请的裁决之日起至少经过 6 个月才能再次提出申请。如果法院驳回被判处终身剥夺自由的人要求假释的申请，则至少自法院作出驳回申请的裁决之日起过了 3 年才能再次提出申请。

（本款由 2003 年 12 月 8 日第 161 号联邦法律修订）

11. （删除）

（本款由 2001 年 3 月 9 日第 25 号联邦法律删除）

12. 法院驳回假释申请不妨碍向法院提出关于将未服完部分的刑罚改判较轻刑种的申请。

（本款由 2003 年 12 月 8 日第 161 号联邦法律修订）

13. 被假释人员或依照将未服完部分的刑罚改判较轻刑种的程序而被判处限制自由或强制劳动的人员，如果他们在法律规定的情况下已经被押送到改造机构、改造中心，则自做出关于假释或将未服完部分的刑罚改判较轻刑种的裁定之日起至少经过 1 年，才可以再次提出申请要求假释，或者再次被提请将未服完部分的刑罚改判较轻的刑种。

（本款由 2003 年 12 月 8 日第 161 号联邦法律、2011 年 12

月 7 日第 420 号联邦法律修订）

第 176 条　申请特赦的程序

（本条由 2003 年 12 月 8 日第 161 号联邦法律修订）

被判刑人有权向俄罗斯联邦总统提出特赦申请。被判刑人通过刑罚执行机构或机关的行政递交特赦申请。

第 177 条　被判刑人延期服刑

（本条由 2010 年 2 月 21 日第 16 号联邦法律修订）

1. 在改造机构服刑并可以依照《俄罗斯联邦刑法典》第 82 条第 1 款延期服刑的被判刑人，以及他的律师、法定代理人有权向法院提出申请，要求延期服刑，而改造机构的行政有权提出相关的报告。被判刑人通过刑罚执行机构或机关的行政递交要求延期服刑的申请。

2. 改造机构的行政应在被判刑人递交延期服刑申请之日起的 10 日内在相应的国家权力机关、地方自治机关和向被判刑人的亲属了解其亲属是否同意接受被判刑人和孩子、向他们提供住房和创造居住的必要条件，了解被判刑人是否有住房和具有与孩子同住的必要条件，被判刑人妇女的已经怀孕的医疗诊断书和被判刑人有子女的证明。

3. 改造机构的行政在收到本条第 1 款所列文件之日起 10 日内应将被判刑人要求延期服刑的申请和上述文件以及被判刑人的鉴定和个人卷宗一并送交法院。

4. 改造机构的行政在收到法院关于被判刑人延期服刑的裁定后，应释放被判刑人。改造机构的行政应向被判刑人取得在他到达后的 3 日内向住所地的刑事执行检查处报到的具结。

5. 被判刑人自行前往住所地，路费由联邦预算负担。

6. 在释放当日，将法院关于延期服刑裁定书的副本并注明释放日期送交被判刑人住所地的刑事执行检查处。

7. 刑事执行检查处对被判刑人进行登记，并在以后对其行为进行监督。

8. 在被判刑人报到后，刑事执行检查处应在 3 日内向被判刑人释放地点的改造机构发出确认被判刑人已经报到的文件。

9. 如果被判刑人在自释放之日起的 2 周内未到达，刑事执行检查处应采取个人侦缉措施，如果仍无结果，则应发出对被判刑人进行通缉的文件。

（本条由 2011 年 12 月 7 日第 420 号联邦法律修订）

第 178 条　对遵守延期服刑条件的监督

（本条由 2010 年 2 月 21 日第 16 号联邦法律修订）

1. 如果被延期服刑的被判刑人逃避子女的教育和照料，刑事执行检查处应宣布警告。

2. 如果被判刑人拒绝养育子女或者在宣布警告之后仍然逃避子女的教育和照料，其住所地的刑事执行检查处应向法院提交撤销延期服刑并将被判刑人押送去服法院所判处刑罚的报告。报告应附具法院关于延期服刑的裁定的副本。

3. 下列情节认为被判刑妇女是逃避抚养子女：被判刑人虽未正式拒绝抚养子女，但把子女遗留在妇产医院或交给儿童教养院；或者采取反社会的生活方式而不教育和照料子女；或者把子女留给亲属或其他人；或隐匿躲藏；或实施其他说明其逃避养育子女的行为。

4. 如果被判刑人遵守延期服刑条件和进行改造，刑事执行检查处可以向法院提交缩短延期服刑期限并免于服剩余部分的刑罚以及撤销前科的报告。同时，必须服满被延期服刑的刑期之后方能提出上述报告。

第 178－1 条　按规定程序被确认患有毒瘾的被判刑人延期服刑和对遵守延期服刑条件的监督

（本条由 2011 年 12 月 7 日第 420 号联邦法律增补）

1. 初次实施《俄罗斯联邦刑法典》第 228 条第 1 款、第 231 条第 1 款和第 233 条所规定犯罪的被判刑人，如被确认吸毒成瘾并向法庭表示希望进行戒毒治疗以及进行医疗社会康复，法院可以裁定延期服刑直至戒毒疗程和医疗社会康复疗程结束，但延期不得超过 5 年。

2. 法院关于延期服刑的裁定的副本应送达被判刑人住所地的刑事执行检查处，该刑事执行检查处负责执行延期服刑的裁定。

3. 改造机构的行政在收到法院关于被判刑人延期服刑的裁定后，应释放被判刑人。改造机构的行政应取得被判刑人自到达住所地之日起的 3 日内向当地刑事执行检查处报到的具结。

4. 刑事执行检查处对被判刑人进行登记，并在以后对其行为表现和戒毒治疗和医疗社会康复的情况进行监督。

5. 监督的程序由在刑罚执行领域行使制订和实现国家政策及进行规范性法律调整职能的联邦行政机关，与在卫生领域行使制订和实现国家政策及进行规范性法律调整职能的联邦行政机关会同俄罗斯联邦总检察院规定。

6. 如果被判刑人拒绝接受戒毒治疗或社会康复治疗并在宣布警告之后仍然逃避进行上述治疗，则其住所地的刑事执行检查处应向法院提交关于撤销延期服刑并押送去服法院判处的刑罚的报告。报告应附具法院关于延期服刑的裁定的副本。

7. 被判刑人有下列行为的，被认为是逃避戒毒治疗和社会康复治疗：虽未拒绝治疗，但不去或擅自离开医疗机构和（或）社会康复机构；2 次不执行主治医生的医嘱；继续吸食毒品或精神药物，多次饮酒、服用迷幻药物，从事流浪行乞；躲避起来逃避刑事执行检察处的监督；30 天以上下落不明。

8. 在戒毒治疗及社会康复治疗后，并且在结束戒毒治疗和社会康复治疗后至少两年症状确有缓解，则被判刑人住所地的刑事执行检查处根据医生诊断结论和被判刑人的表现向法院提交关于免除被判刑人服剩余部分刑期的报告。

9. 如果被判刑人自从改造机构释放之日起的两周内不到刑事执行检查处报到，以及被判刑人在登记之后躲藏起来逃避监督，则刑事执行检查处应采取个人侦缉措施，而如果达不到效果，则对被判刑人进行通缉。对躲藏的被判刑人在拘捕后可羁押 48 小时，该期限还可以延长到 30 天。

第 179 条　刑满释放人员的法律地位

刑满人员承担俄罗斯联邦公民规定的义务并享有俄罗斯联邦公民规定的权利，但接受俄罗斯联邦法律对有前科人员规定的限制。

第二十二章　对服刑后释放的被判刑人的帮助和监督

第 180 条　刑罚执行机构的行政协助对获释的被判刑人进行劳动安置和生活安置以及对他们适用医疗性措施的职责

（本条由 2012 年 2 月 29 日第 14 号联邦法律修订）

1. 在拘役期届满前两个月之前或强制劳动和剥夺自由刑期届满前 6 个月之前，以及对被判处剥夺自由刑少于 6 个月的人员在刑事判决生效之后，刑罚执行机构的行政应通知被判刑人所选择住所地的地方自治机关和联邦就业服务部门有关被判刑人即将获释及其现有住所、劳动能力和具有专业的情况。

（本款由 2003 年 12 月 8 日第 161 号联邦法律、2009 年 12 月 27 日第 377 号联邦法律、2011 年 2 月 7 日第 420 号联邦法律修订）

2. 应对被判刑人做好进行准备释放的教育工作，应向被判刑人说明其权利和义务。

2 - 1. 对因实施性犯罪而被判刑的人，刑罚执行机构的行政应在刑期届满前至少 6 个月说明被判刑人由精神病学医生委员会进行验证的权利，以便解决该人是否存在性变态（恋童癖）并决定改善其心理状态、确定预防他实施新的犯罪的医疗性措施和进行进一步治疗的问题。

（本款由 2012 年 2 月 29 日第 14 号联邦法律修订）

3. 一等或二等残疾的被判刑人，被判刑的 60 岁以上的男子和被判刑的 55 岁以上的妇女，根据本人请求和刑罚执行机构行政的报告，由社会保护机关送往残疾人福利院和养老院。

4. 在服刑期届满或被判刑人被假释或未服完部分的刑罚改判较轻刑种时，刑罚执行机构的行政经被判刑人本人同意应依照本法典第 18 条规定的程序向被判刑人所选择住所地的卫生机关移交被判刑人进行检验和治疗的材料，以便解决其治疗和依照俄罗斯联邦卫生立法规定的办法将其移送社会保障性心理神经病学机构的问题。

（本款由 2012 年 2 月 29 日第 14 号联邦法律增补）

5. 在服刑期届满或被判刑人被假释或未服完部分的刑罚改判较轻有刑种时，对年满 18 岁而对未满 14 岁的未成年人实施性侵害而被判刑的人，如果根据司法精神病学鉴定结论被确认患有不排除刑事责任能力的性变态（恋童癖），而法院又依照《俄罗斯联邦刑法典》第 102 条第 2 款对该人作出裁定，则应由刑罚执行机构的行政将必要的材料移送给其住所地的刑事执行检查处。

（本款由 2012 年 2 月 29 日第 14 号联邦法律增补）

第 181 条　对服刑刑后释放的被判刑人的帮助

1. 对强制劳动刑、拘役刑或有一定期限的剥夺自由刑服刑后获释的被判刑人，保障免费前往住所地，按照被授权的联邦机关规定的程序在路途中保障获得食品供应或所需费用。

（本款由 2008 年 7 月 23 日第 160 号联邦法律、2009 年 12 月 27 日第 377 号联邦法律、2010 年 12 月 7 日第 420 号联邦法律修订）

2. 从剥夺自由场所释放的被判刑人，如没有必要的应季衣物或购买衣物的钱款，应保障他们获得衣物，费用由联邦预算负担。可以向他们发放俄罗斯联邦政府规定数额的一次性补助金。

（本款由 2009 年 12 月 27 日第 377 号联邦法律修订）

3. 向获释的被判刑人提供食品、衣物，发放一次性补助金以及支付路费等事项，由刑罚执行机构的行政进行。

4. 由于健康状况需要他人照顾的被判刑人，被判刑孕妇和有幼年子女的被判刑妇女以及未成年被判刑人在服强制劳动刑、拘役刑或有一定期限的剥夺自由刑获释时，刑罚执行机构的行政应预先将获释的事宜通知其亲属或其他人员。

（本款由 2009 年 12 月 7 日第 377 号联邦法律、2011 年 12 月 7 日第 420 号联邦法律修订）

5. 本条第 4 款所列被判刑人从改造机构释放的，应在其亲属或其他人陪同下或在改造机构工作人员陪同下前往住所地。

（本款由 2013 年 6 月 7 日第 121 号联邦法律修订）

第 182 条　获释的被判刑人获得劳动安置和生活安置以及其他社会帮助的权利

在服拘役刑或剥夺自由刑后获释的被判刑人有权依照俄罗斯联邦立法和规范性法律文件的规定获得劳动安置、生活安置和其他各种社会帮助。

（本条由 2009 年 12 月 27 日第 377 号联邦法律修订）

第 183 条　对服刑后获释人员的监督

对服刑后获释人员的监督根据俄罗斯联邦立法和规范性法律文件的规定进行。

第七编　死刑的执行

第二十三章　死刑的执行

第184条　执行死刑的一般规定

1. 被判处死刑的人应关押在单人牢房，关押条件应保障对其加强看守和隔离。

2. 如被判刑人提出特赦请求，在俄罗斯联邦总统作出决定前中止执行法院刑事判决。

3. 如果被判刑人放弃特赦申请，改造机构的行政应在检察长在场的情况下制作文书。上述文书由检察长证明并由检察长发给俄罗斯联邦最高法院和俄罗斯联邦总检察院，以便审查刑事案件并制作结论，结论应呈送俄罗斯联邦总统。在这种情况下刑事判决的执行中止，直至俄罗斯联邦总统作出决定。

（本款由1998年1月8日第11号联邦法律修订）

4. 执行死刑的根据是已经产生法律效力的法院刑事判决，以及俄罗斯联邦总统关于驳回被判刑人特赦申请的决定或俄罗斯联邦总统关于对拒绝要求特赦的被判刑人不适用特赦的决定。

（本款由1998年1月8日第11号联邦法律修订）

第185条　被判处死刑的人的法律地位

1. 法院刑事判决生效后，被判处死刑的人有权按照法律规定的程序提出特赦请求。

2. 被判处死刑的人有权：

（1）按照法律规定的程序办理必要的民事法律关系和婚姻家庭关系的手续；

（2）获得必要的医疗救助；

（3）获得法律帮助，会见律师和有权提供法律帮助的其他人员，时间和次数不受限制；

（4）收发信件和明信片不受限制；

（本项由 2012 年 12 月 30 日第 304 号联邦法律修订）

（5）每月接受 1 次近亲属的短期探视；

（6）同神职人员见面；

（7）每日放风 1 次，时间为 30 分钟；

（8）每月花钱购买食品和生活必需品，数额按对关押在监狱中严格管束制度下的被判刑人的规定。

3. 被判处死刑的人，如法院刑事判决已生效，但特赦尚未解决或特赦请求已得到批准，在押送改造机构继续服刑前，应按本法典第 127 条的条件进行关押。

4. 被判处死刑的人特赦请求被驳回的或者已经决定对他不适用特赦的，在押送到有关机关执行刑事判决之前，按本法典第 131 条第 5 款规定的条件关押。

（本款由 1998 年 1 月 8 日第 11 号联邦法律修订）

第 186 条　执行死刑的程序

1. 死刑的执行不公开，以枪决方式执行。对几个被判刑人执行死刑，应在其余被判刑人不在场的情况下对每个人分别进行。

2. 执行死刑时，应有检察长、死刑执行机构的代表和医生在场。

3. 由医生验证被判刑人已经死亡。关于法院刑事判决执行的情况应制作记录，记录应由本条第 2 款所述人员签字。

4. 死刑执行机构的行政应将行刑事宜通知做出刑事判决的法院及被判刑人的一个近亲属。不通知收尸，也不通知尸体埋藏地点。

第八编 对被判缓刑人员的监督

第二十四章 对被判处缓刑人员行为的监督

第 187 条 对判处缓刑人员行为进行监督的机关

1. 对判处缓刑人员的行为由其住所地的刑事执行检查处进行监督，对被判缓刑的军人由其所在部队指挥机关进行监督。

2. 根据俄罗斯联邦立法和规范性法律文件规定的程序，对被判缓刑人员的监督应吸收内务机关相应部门的工作人员参加。

（本款由 2006 年 1 月 9 日第 12 号联邦法律修订）

第 188 条 对被判缓刑人员行为进行监督的程序

1. 刑事执行检查处对在考验期间的被判缓刑人员进行个人登记，在内务机关相应部门人员的参与下监督被判缓刑人员遵守社会程序和履行法院责令履行的义务。

（本款由 2006 年 1 月 9 日第 12 号联邦法律修订）

2. 在被判缓刑人员作为附加刑被判处剥夺担任一定职务或从事某种活动的权利时，刑事执行检查处适用本法典第 33 条 ~ 第 38 条规定的全部措施。

3. （失效）

（本款由 2010 年 4 月 5 日第 46 号联邦法律删除）

4. 被判缓刑的人员应向刑事执行检查处和部队指挥机关报告自己的行为，履行法院责令履行的义务，按照法院判处的数额赔偿犯罪造成的损害，在刑事执行检查处传唤时随传随到。

无正当理由传唤不到时，可以对被判缓刑人员进行拘传。

（本款由 2013 年 12 月 28 日第 432 号联邦法律修订）

5. 在被判缓刑人员逃避对其行为的监督时，刑事执行检查处应采取初步措施查明其下落和逃避监督的原因。

6. 如果法院未规定被判缓刑的人多久登记一次，则被判缓刑的人登记的周期和日期均由刑事执行检查处规定。

（本款由 2009 年 12 月 27 日第 377 号联邦法律增补）

第 189 条　考验期的计算

1. 考验期依照《俄罗斯联邦刑法典》第 73 条规定的办法计算。

（本款由 2009 年 3 月 29 日第 33 号联邦法律修订）

2. 考验期届满，对被判缓刑人员行为的监督即终止，并撤销其在刑事执行检查处的登记。

第 190 条　被判缓刑人员的责任

1. 如果被判缓刑人员逃避履行法院责令履行的义务、通过隐瞒财产和收入以及逃避工作或以其他方式逃避按照法院判决的数额（完全或部分）赔偿犯罪所造成的损害、破坏社会秩序并因此受到行政处罚，则刑事执行检查处或部队指挥机关应以书面形式警告其撤销缓刑的可能。无正当理由不赔偿犯罪造成的损害也是逃避赔偿损害。

（本款由 2006 年 1 月 5 日第 8 号联邦法律、2009 年 12 月 27 日第 377 号联邦法律、2013 年 12 月 28 日第 432 号联邦法律修订）

2. 如被判缓刑人员不履行本法典第 188 条第 4 款的要求，

以及在有其他情况说明应责令被判处缓刑人员履行其他义务时，刑事执行检查处的首长或部队指挥员应向法院提交相应的报告。关于被判缓刑人员不按执行文书拖欠赔偿犯罪所造成的损害的材料，也可以由被害人提交给刑事执行检查处或部队指挥机关。

（本款由 2013 年 12 月 28 日第 432 号联邦法律修订）

3. 如有充分的根据，刑事执行检查处或部队指挥机关向法院提交延长考验期的报告。

（本款由 2006 年 1 月 5 日第 8 号联邦法律修订）

4. 如果被判缓刑人员在考验期内多次破坏社会秩序并被追究行政责任，多次不履行法院责令他履行的义务或躲避监督，则刑事执行检查处的首长或部队指挥机关应向法院提交撤销缓刑和执行法院刑事判决所判处刑罚的报告。

（本款由 2012 年 12 月 27 日第 377 号联邦法律修订）

5. 一年内 2 次以上破坏社会秩序并被追究行政责任的是多次破坏社会秩序。一年内 2 次以上实施禁止的行为或不实施命令要求的行为或者长期（30 天以上）不履行法院责令履行的义务是多次不履行义务。

（本款由 2009 年 12 月 27 日第 377 号联邦法律修订）

6. 被判缓刑的人员下落不明超过 30 天，认为是躲避监督。

俄罗斯联邦总统

鲍·叶利钦

1997 年 1 月 8 日

莫斯科 克里姆林宫

第 1 号联邦法律

俄罗斯联邦刑事执行法典（1996年版）

国家杜马 1996 年 12 月 18 日通过

联邦委员会 1996 年 12 月 25 日批准

俄罗斯联邦关于施行《俄罗斯联邦刑事执行法典》的联邦法律

国家杜马 1996 年 12 月 18 日通过联邦委员会 1996 年 12 月 25 日批准

第 1 条　俄罗斯联邦刑事执行法典自 1997 年 7 月 1 日起施行，但本联邦法律规定了另外施行期限的规定除外。

第 2 条　自 1997 年 7 月 1 日起失效的有：

1. 俄罗斯联邦苏维埃社会主义共和国 1970 年 12 月 18 日《关于批准〈苏俄劳动改造法典〉的法律》批准的《苏俄劳动改造法典》（《苏俄最高苏维埃公报》1970 年第 51 期第 1220 号；1973 年第 22 期第 491 号；1977 年第 12 期第 258 号；1983 年第 10 期第 319 号；第 40 期第 1429 号；1985 年第 39 期第 1353 号；1987 年第 29 期第 1060 号；第 43 期第 1501 号；1988 年第 31 期第 1006 号；1989 年第 22 期第 550 号；《俄罗斯联邦人民代表苏维埃和俄罗斯联邦最高苏维埃公报》1992 年第 29 期第 1687 号；1993 年第 10 期第 360 号；第 22 期第 789 号；第 32

期第 1234 号；《俄罗斯联邦立法汇编》1996 年第 25 期第 2964
号），以及所有自 1970 年 12 月 18 至 1997 年 7 月 1 日通过的俄
罗斯联邦苏维埃社会主义共和国和俄罗斯联邦的立法文件中对
《苏俄劳动改造法典》修订和增补的部分。

2. 苏俄最高苏维埃主席团 1971 年 5 月 5 日《关于〈苏俄劳
动改造法典〉施行办法的命令》（《苏俄最高苏维埃公报》1971
年第 18 期第 348 号）。

3. 苏俄最高苏维埃主席团 1965 年 9 月 30 日《关于批准
〈监管委员会条例〉的命令》（苏俄最高苏维埃主席团 1986 年 6
月 18 日命令修订）和该命令批准的《监管委员会条例》（《苏俄
最高苏维埃公报》1965 年第 40 期第 990 号；1970 年第 41 期第
832 号；1971 年第 22 期第 433 号；1972 年第 51 期第 1209 号；
1986 年第 26 期第 727 号）。

4. 苏俄最高苏维埃主席团 1984 年 7 月 16 日《关于批准
〈执行与对被判刑人劳动改造感化无关的刑罚的程序和条件条
例〉的命令》和该命令批准的《苏俄执行与对被判刑人劳动改
造感化无关的刑罚的程序和条件条例》（《苏俄最高苏维埃公报》
1984 年第 29 期第 991 号）。

5. 俄罗斯联邦苏维埃社会主义共和国 1984 年 12 月 6 日
《关于批准苏俄最高苏维埃主席团修订和增补某些苏俄立法文件
的命令的法律》（苏俄最高苏维埃公报 1984 年第 50 期第 1758
号）中苏俄最高苏维埃主席团 1984 年 7 月 16 日《关于批准
〈执行与对被判刑人劳动改造感化无关的刑罚的程序和条件条
例〉的命令》的部分。

第 3 条　自 1997 年 7 月 1 日起俄罗斯联邦境内不再施行的有：

1. 苏联 1969 年 7 月 11 日法律批准的《苏联和各加盟共和

国劳动改造立法纲要》（《苏联最高苏维埃公报》1969 年第 29 期第 247 号）以及以后的修订和增补。

2. 苏联最高苏维埃主席团 1969 年 10 月 6 日《关于施行〈苏联和各加盟共和国劳动改造立法纲要〉的程序的命令》（《苏联最高苏维埃公报》1969 年第 41 期第 365 号）。

3. 苏联最高苏维埃主席团 1983 年 3 月 15 日《关于批准〈执行与对被判刑人劳动改造感化无关的刑罚的程序和条件条例〉的命令》和该命令批准的《苏联执行与对被判刑人劳动改造感化无关的刑罚的程序和条件条例》（《苏联最高苏维埃公报》1983 年第 12 期第 175 号）。

4. 苏联 1983 年 6 月 17 日《关于批准苏联最高苏维埃主席团修订和增补某些苏联立法文件的命令的法律》（《苏联最高苏维埃公报》1983 年第 25 期第 387 号）中批准苏联最高苏维埃主席团 1983 年 3 月 15 日《关于批准〈执行与对被判刑人劳动改造感化无关的刑罚的程序和条件条例〉的命令》的部分。

5. 苏联最高苏维埃主席团 1983 年 4 月 21 日《关于批准〈苏联武装力量军纪营条例〉的命令》和该命令批准的《苏联武装力量军纪营条例》（《苏联最高苏维埃主席团会议纪要》1983 年第 73 期第 135 号）。

第 4 条 俄罗斯联邦境内现行的其他法律和法规应予修订，使之与《俄罗斯联邦刑事执行法典》相一致。

上述法律和法规在与《俄罗斯联邦刑事执行法典》一致之前，只适用其与《俄罗斯联邦刑事执行法典》不相抵触的部分。

第 5 条 《俄罗斯联邦刑事执行法典》中关于强制性社会公益劳动、限制自由和拘役等刑种的规定，待逐步创造执行这些种类刑罚的必要条件时，由俄罗斯联邦法律规定施行，但不得迟于 2001 年。

第 6 条 委托俄罗斯联邦政府：

1. 在 3 个月内：

通过实施《俄罗斯联邦刑事执行法典》的必要的规范性法律文件；

保障各部和其他联邦执行权力机关审查和废止与《俄罗斯联邦刑事执行法典》相抵触的规范性法律文件；

起草和批准《刑事执行检查处及其人员编制条例》和《军纪营条例》；

将关于修订《苏俄住房法典》中涉及被判处 6 个月以上剥夺自由的人员保留住房的第 60 条的法律草案提交俄罗斯联邦国家杜马。

2. 在 1997 年内起草和批准《拘留所及其人员编制条例》和《改造中心及其人员编制条例》。

第 7 条 正在服剥夺自由刑的人员如在《俄罗斯联邦执行法典》生效之后，即 1997 年 7 月 1 日以后，违反规定的服刑程序，可以将他们移转到严格关押条件下。

第 8 条 对于 1997 年 7 月 1 日之前已被移送到更好关押条件的被判刑人，适用《俄罗斯联邦刑事执行法典》对已在宽松服刑条件下的被判刑人所作的规定。

第 9 条 俄罗斯联邦政府在制定 1997 年度和以后几年的联邦预算草案时，应规定划拨出保障实施《俄罗斯联邦刑事执行法典》的集中基本建设投资和资金。

莫斯科　克里姆林宫俄罗斯联邦总统

1997 年 1 月 8 日　　叶利钦

[联法] 第 2 号

总　则

总 则

第一编 俄罗斯联邦刑事执行立法的基本规定

第一章 一般规定

第1条 俄罗斯联邦刑事执行立法的宗旨和任务

1. 俄罗斯联邦刑事执行立法的宗旨是改造被判刑人和预防被判刑人和其他人实施新的犯罪。

2. 俄罗斯联邦刑事执行立法的任务是调整执行刑罚与服刑的程序及条件,规定改造被判刑人的手段,维护他们的权利、自由和合法利益,在被判刑人适应社会方面给予帮助。

第2条 俄罗斯联邦刑事执行立法的结构和内容

1. 俄罗斯联邦刑事执行立法由本法典和其他联邦法律构成。

2. 俄罗斯联邦刑事执行立法规定:执行刑罚、适用《俄罗斯联邦刑法典》规定的其他刑法性质的方法的一般规定和原则；执行刑罚和服刑、适用改造被判刑人手段的程序和条件；执行刑罚的机构和机关的活动程序；国家权力机关和地方自治机关、其他组织、社会团体以及公民参与改造被判刑人的程序；免除刑罚的程序；对被释放人员给予帮助的程序。

第3条　俄罗斯联邦刑事执行立法与国际法文件

1. 俄罗斯联邦刑事执行立法根据经济和社会可能性，考虑俄罗斯联邦参加的涉及执行刑罚和被判刑人待遇的国际条约。

2. 如果国际条约对执行刑罚和被判刑人待遇作了不同于俄罗斯联邦刑事执行立法的规定，则适用国际条约的规则。

3. 依照公认的国际法原则和准则和依照俄罗斯联邦宪法，俄罗斯联邦刑事执行立法及其适用的实践所依据的原则是严格保障被判刑人免受酷刑、暴力和其他残酷的及侮辱人格的待遇。

4. 俄罗斯联邦刑事执行立法应在具备必要经济和社会可能时实行国际组织关于执行刑罚和被判刑人待遇问题的建议（宣言）。

第4条　关于刑罚执行问题的规范性法律文件

联邦执行权力机关有权根据联邦法律就刑罚执行问题通过规范性法律文件。

第5条　俄罗斯联邦刑事执行立法对被判刑军职人员的效力

1. 对被判刑军人的刑罚依照本法典、其他联邦法律和其他规范性法律文件，以及俄罗斯联邦国防部会同俄罗斯联邦总检察院批准的被判刑军人服刑规则执行。

2. 被判刑的军人依照俄罗斯联邦立法服刑和服兵役。对他们适用本条第 1 款所载规范性法律文件所规定的限制。

第 6 条　俄罗斯联邦刑事执行立法的时间和空间效力

1. 俄罗斯刑事执行立法在俄罗斯联邦全境适用。

2. 执行刑罚，以及适用改造被判刑人的手段和对被释放人员给予帮助，依照在其执行时有效的立法进行。

第 7 条　执行刑罚和适用其他刑法性质的方法的根据

执行刑罚和适用其他刑法性质的方法的根据是已经产生法律效力的刑事判决或变更刑事判决的法院裁定或裁决，以及特赦令或大赦令。

第 8 条　俄罗斯联邦刑事执行立法的原则

俄罗斯联邦刑事执行立法所依据的原则是法制，人道主义，民主。被判刑人在法律面前一律平等，执行刑罚的区别化和个别化，合理适用强制方法、改造被判刑人的手段和激励他们的守法行为，刑罚与改造感化相结合。

第 9 条　被判刑人的改造和改造的基本手段

1. 改造被判刑人——就是培养他们尊重人，尊重社会，尊重劳动和尊重人类公共生活的准则、规则和传统以及激励其守法行为。

2. 改造被判刑人的基本手段是：规定的执行刑罚的程序和服刑程序（管束制度），教育工作，社会有益劳动，接受普通教育，职业培训和社会感化。

3. 改造被判刑人的手段的适用应考虑刑罚的种类、所实施犯罪的性质和社会危害性的程度，被判刑人的个人身份以及他们的表现。

第二章　被判刑人的法律地位

第 10 条　被判刑人法律地位的基本原则

1. 俄罗斯联邦尊重和保护被判刑人的权利、自由和合法利益，保障适用被判刑人改造手段的合法性，在执行刑罚时保障被判刑人的法律保护和人身安全。

2. 在执行刑罚时，被判刑人保证享有俄罗斯联邦公民的权利和自由，但俄罗斯联邦刑事执行立法和其他立法规定的例外和限制除外。除联邦法律规定的情形外，被判刑人不得被免除履行自己的公民义务。

3. 被判刑人是外国公民和无国籍人的，享有俄罗斯联邦参加的国际条约以及关于外国公民和无国籍人的法律地位的俄罗斯联邦立法规定的权利和承担上述条约和立法规定的义务，但俄罗斯联邦刑事立法、刑事执行立法和其他立法规定的例外和限制除外。

4. 被判刑人的权利和义务由本法典根据具体刑种的服刑程序和条件予以规定。

第 11 条　被判刑人的基本义务

1. 被判刑人应该履行俄罗斯联邦立法规定的俄罗斯联邦公民的义务，遵守社会所接受的行为道德规范、卫生保健的要求。

2. 被判刑人有义务遵守规定服刑程序和条件的联邦法律的

要求，以及依照上述法律通过的其他规范性法律文件的要求。

3. 被判刑人有义务完成刑罚执行机构和机关的行政的合法要求。

4. 被判刑人应该有礼貌地对待刑罚执行机构的工作人员和造访这机构的其他人员，以及其他被判刑人。

5. 被判刑人有义务在刑罚执行机构和机关行政传唤时随传随到，并就执行刑事判决要求的问题作出解释。如不到场，对被判刑人可以进行拘传。

6. 被判刑人如不履行所承担的义务以及不完成刑罚执行机构和机关行政的合法要求，应承担法律规定的责任。

第 12 条 被判刑人的基本权利

1. 被判刑人有权获得关于自己的权利和义务、关于服法院所判刑种的程序和条件的信息。刑罚执行机构和机关的行政应向被判刑人提供上述信息，以及让他们了解服刑程序和条件的变更情况。

2. 被判刑人有权受到刑罚执行机构和机关工作人员有礼貌的对待。被判刑人不应受到残酷的或侮辱人格的待遇。只能根据法律对被判刑人适用强制措施。

3. 被判刑人无论本人是否同意，均不得用于进行威胁其生命和健康的医学试验和其他试验。

4. 被判刑人有权向刑罚执行机构和机关的行政、刑罚执行机构和机关的上级管理机关（下称上级机关）、法院、检察机关、国家权力机关和地方自治机关、社会团体提出建议、申请和控告，以及在现有国内被判刑人法律保护手段均未能奏效时有权向国际人权和自由保护机关提出建议、申请和控告。

5. 被判刑人是俄罗斯联邦公民的，有权使用俄罗斯联邦的国家语言或者根据他们的愿望使用服刑地点的俄罗斯联邦主体的官方语言作出解释、进行通信以及提出本条第 4 款所载之建议、申请和控告。被判刑人是外国公民和无国籍人的，有权使用母语或他们所通晓的任何语言作出解释、进行通信以及提出本条第 4 款所载之建议、申请和控告，而在必要时有权使用翻译服务。对被判刑人的答复应该使用提出请求所使用的语言。在不可能使用提出请求所使用的语言进行答复时，答复应该用俄罗斯联邦的国家语言作出，并由刑罚执行机构和机关保证翻译成提出请求所使用的语言。

6. 被判刑人有权获得健康保护，包括根据医疗诊断书在门诊或住院条件下接受初级医疗卫生帮助和专门医疗帮助。

7. 被判刑人有权获得社会保障，包括依照俄罗斯联邦立法按一般根据获得赡养金和专门补助费。

8. 为获得法律帮助，被判刑人可以利用律师服务和有权提供此种帮助的其他人员的服务。

9. 被判处拘役、限制自由或剥夺自由的人是外国公民的，有权同本国驻俄罗斯联邦的外交代表机构和领事机构保持联系，而未在俄罗斯联邦设有外交代表机构和领事机构的国家的公民，则有权同负责维护其利益的国家的外交代表机构或者同从事上述被判刑人保护的跨国机关保持联系。

10. 实现被判刑人权利的程序由本法典以及其他规范性法律文件规定。

11. 在实现被判刑人权利时，不得违反服刑的程序和条件，也不得损害他人的权利和合法利益。

第 13 条　被判刑人的人身安全权

1. 被判刑人享有人身安全的权利。

2. 当被判刑人的人身安全受到威胁时，被判刑人有权向执行拘役、限制自由或剥夺自由刑的机构的任何公职人员提出保障其人身安全的请求。在这种情况下，上述公职人员必须立即采取措施保障提出请求的被判刑人的人身安全。

3. 执行本条第 2 款所规定刑种的机构的首长，应根据被判刑人的申请或主动作出决定，将被判刑人调往安全场所或者采取消除被判刑人人身安全威胁的其他措施。

第 14 条　保障被判刑人的信仰自由和宗教信仰自由

1. 被判刑人保证享有信仰自由和宗教信仰自由。他们有权信仰任何一种宗教或者不信仰任何宗教，自由地选择具有或传播宗教信念和按照宗教信念行事。

2. 实现信仰自由和宗教信仰自由的权利是自愿的，在这种情况下不得违反刑罚执行机构的内部规章，也不得损害他人的权利。

3. 被判处限制自由的人，根据他们的请求，可以获准拜谒改造中心范围之外的宗教场所。

4. 被判处拘役或剥夺自由的人可以根据他们的请求邀请神职人员前来。在刑罚执行机构内，准许被判刑人举行宗教仪式、使用宗教物品和宗教书刊。为此目的，上述机构的行政应拨出专门的房舍。

5. 如果对神职人员的人身安全不构成威胁，准许神职人员前往会见关押在特别管束制度的改造营中单人牢房的被判刑人和关押在处罚隔离室和纪律处罚隔离室以及牢房型监舍中的被判刑人。

6. 被判刑人身患严重疾病的，以及被判死刑的人在行刑之前，根据他们的请求，被保证有可能邀请神职人员前来举行一切必要的宗教仪式。

第 15 条　被判刑人的要求及其审议程序

1. 被判刑人可以就与其权利和合法利益受到侵犯有关的问题提出建议、申请和控告。

2. 被判刑人的建议、申请和控告可以用口头形式或书面形式提出。刑罚执行机构的行政应予以审议。

3. 被判处拘役、军纪营管束、剥夺自由、死刑的人向本法典第 12 条第 4 款所列机关所提出的建议、申请和控告，应通过刑罚执行机构和机关的行政呈送。被判处其他刑罚的人自行呈送建议、申请和控告。

4. 被判处拘役、军纪营管束、剥夺自由、死刑的人向监督刑罚执行机构和机关活动的机关提出的请求，不得进行检查并应在 2 日内（节假日除外）按归属关系呈送。

5. 对刑罚执行机构和机关行政的决议和行为提出建议、申请和控告，并不中止这些决议和行为的执行。

6. 收到被判刑人建议、申请和控告的机关和公职人员，应在俄罗斯联邦立法规定的期限内对它们进行审议，并将作出的决定通知被判刑人。

第三章　执行刑罚的机构和机关及对其活动的监督

第16条　执行刑罚的机构和机关

1. 罚金和没收财产的刑罚由作出刑事判决的法院、财产所在地法院和被判刑人工作地点的法院执行。

2. 强制性社会公益劳动的刑罚由被判刑人住所地的刑事执行检查处执行。

3. 剥夺担任一定职务或从事某种活动的权利的刑罚由被判刑人住所地的刑事执行检查处、改造中心、改造机构或军纪营执行。关于剥夺担任一定职务或从事某种活动权利的刑事判决的要求由被判刑人工作单位的行政当局执行，以及由依法有权撤销从事相应活动的许可证的机关执行。

4. 劳动改造的刑罚由刑事执行检查处执行。

5. 限制自由、拘役、剥夺自由和死刑由刑事执行系统的机构执行。

6. 剥夺专门称号、军衔或荣誉称号、职衔和国家奖励的刑罚由作出刑事判决的法院执行。关于剥夺专门称号、军衔和荣誉称号、职衔和国家奖励的刑事判决的要求由授予称号、军衔、职衔和国家奖励的公职人员执行。关于剥夺专门称号、军衔和荣誉称号、职衔和国家奖励的刑事判决的要求由俄罗斯联邦相应的机关执行。

7. 对军人的刑罚分别由下列机关执行：军纪营管束——由专门为此而设立的军纪营执行；拘役——由警备部队指挥机关在为被判刑军人设立的禁闭室执行或者在卫戍部队拘留所的相应分部执行；限制军职——由被判刑军人服役的所在部队、机构、机关和军事单位的指挥机关（下称部队指挥机关）执行。

8. 被判处缓刑的人由刑事执行检查处进行监督。对被判处缓刑的军人，由部队指挥机关实行监督。

第 17 条　关于服刑场所的通知

刑罚执行机构或机关的行政必须在自被判刑人到达服刑场所之日起 10 日内根据被判刑人的选择向被判刑人的一位亲属发送关于被判刑人已到达服刑场所的通知。

第 18 条　对被判刑人适用医疗性强制方法

1. 对被判处限制自由、拘役、剥夺自由的酒精中毒者和吸毒成瘾的人，以及患有不排除刑事责任能力的精神病的人，执行上述刑罚的机构应根据法院的决定适用医疗性强制方法。

2. 在本条第 1 款所列人员服刑期间，如果判明被判刑人系酒精中毒者或吸毒成瘾的人，上述刑罚的执行机构应向法院提交关于对被判刑人适用医疗性强制方法的报告。

3. 对被判处不限制自由的刑罚的人，以及被判处拘役或剥夺自由，患有本条第 1 款所列疾病的人，应依照俄罗斯联邦刑法典第 94 条～第 104 条的规定适用医疗性强制方法。

4. 对被判处本条第 1 款所列刑罚的嗜药成瘾的人、已感染艾滋病病毒的人，以及患有开放性结核病或未做完花柳病全部疗程的被判刑人，上述刑罚的执行机构应根据医疗委员会的决定适用强制治疗。

第 19 条　国家权力机关和地方自治机关的监督

联邦国家权力机关、俄罗斯联邦各主体的国家权力机关，以及地方自治机关对其境内的刑罚执行机构和机关的活动实行监督。实行监督的程序由俄罗斯联邦立法调整。

第 20 条　法院监督

1. 在解决关于假释、将未服完的部分刑罚改判较轻的刑罚、因被判刑人疾病而免除刑罚、孕妇和有 8 岁以下子女的妇女延期服刑的问题，以及关于变更改造机构种类的问题时，法院监督刑罚的执行。

2. 在俄罗斯联邦立法规定的情况下，法院审议被判刑人和其他人员对刑罚执行机构和机关的行为提出的控告。

3. 刑罚执行机构和机关应将被判刑人服限制自由刑、拘役刑、军纪营管束刑、剥夺自由刑的开始和服刑场所以及执行罚金刑，剥夺担任一定职务和从事某种活动的权利刑，剥夺专门称号、军衔和荣誉称号、职衔和国家奖励刑、强制性社会公益劳动刑、劳动改造刑、限制军职刑、没收财产刑、死刑的情况通知作出刑事判决的法院。

第 21 条　部门监督

对于刑罚执行机构和机关的活动，应由上级机关及其公职人员进行监督。实行部门监督的程序由规范性法律文件规定。

第 22 条　对刑罚执行机构和机关的行政遵守法律情况的检察监督

对刑罚执行机构和机关的行政遵守法律的情况由俄罗斯联邦总检察长及其下属检察长依照《俄罗斯联邦检察院法》实行监督。

第23条　社会团体对刑罚执行机构和机关工作的协助

1. 社会团体协助刑罚执行机构和机关的工作，参加对被判刑人的改造。

2. 依照俄罗斯联邦立法规定的根据和程序，社会团体可以对刑罚执行机构和机关的活动进行监督。

第24条　对刑罚执行机构和机关的造访

1. 下列人员在执行公务时有权不经专门许可而造访刑罚执行机构和机关：

（1）俄罗斯联邦总统、俄罗斯联邦政府主席、俄罗斯联邦联邦会议联邦委员会委员和国家杜马议员，以及俄罗斯联邦各主体的总统和政府首脑、地方自治机关首脑（在相应区域内）；

（2）俄罗斯联邦总检察长、俄罗斯联邦各主体检察长、他们的下属检察长，以及直接对相关区域内刑罚执行情况实行监督的检察长；

（3）上述机关的公职人员；

（4）在刑罚执行机构和机关所在区域内进行案件审理的法院的审判员；

（5）议员和对刑罚执行机构和机关的活动实行监督的委员会的委员（在相应地域内）。

2. 大众信息媒体的代表和其他人员有权在取得刑罚执行机构和机关行政当局或上级机关的专门许可后造访刑罚执行机构和机关。

3. 对被判刑人进行电影拍摄、照相、摄像和采访，须经被判刑人本人的书面同意。

4. 对保障被判刑人安全和看守的客体进行电影拍摄、照相、摄像，须经刑罚执行机构或机关行政的书面许可。

分　则

第二编　不将被判刑人与社会隔离的刑罚的执行

第四章　强制性社会公益劳动刑的执行

第 25 条　强制性社会公益劳动刑的执行程序

1. 强制性社会公益劳动刑由被判刑人住所地的刑事执行检查处执行，被判刑人工作的具体项目由地方自治机关与刑事执行检查处协商后指定。

2. 被判处强制性社会公益劳动的人，应在附有刑事判决副本的有关法院指令（裁定、裁决）送达刑事执行检查处之日起的 15 日内开始服刑。

3. 刑事执行检查处对被判刑人进行登记；向他们说明服刑的程序和条件；同地方自治机关商议作为被判刑人服强制性社会公益劳动刑场所的项目清单；监督被判刑人的行为；对被判

刑人已服刑的时间进行总计并监督及时将被判刑人完成工作所得资金划入相应的预算。

第 26 条　强制性社会公益劳动刑的执行与服刑的条件

1. 被判处强制性社会公益劳动的人必须：遵守作为他们服刑场所的单位的内部规章，认真劳动；在给他们指定的项目上工作并工作达到法院规定的强制性社会公益劳动期限；将住所地的变更情况通知刑事执行检查处。

2. 被判刑人的主要工作地点给被判刑人放例行的年度休假不中止强制性社会公益劳动刑的执行。

3. 如果被判刑人被认定为一等或二等残废，刑事执行检查处应向法院提交关于被判刑人免于继续服刑的报告，而在被判刑妇女怀孕时，应向法院提交关于被判刑人延期服刑的报告。

第 27 条　强制性社会公益劳动期限的计算

1. 强制性社会公益劳动的期限以被判刑人服强制性社会公益劳动刑的时间按小时计算。

2. 在假日和被判刑人主要工作、服务或学习地点不工作的日子，强制性社会公益劳动的时间不得超过 4 小时。在工作日，在完成工作、服务或学习之后不得超过 2 小时，而经被判刑人的同意，则不得超过 4 小时。一周里的强制性社会公益劳动时间一般不得少于 12 小时。在具备正当理由时，刑事执行检查处有权准许被判刑人一周工作的时间少于上述小时数。

第28条　被判刑人服强制性社会公益劳动刑的单位
行政的职责

1. 被判刑人服强制工作刑场所的行政有责任监督被判刑人完成指定给他们的工作，向刑事执行检查处报告被判刑人已工作的小时数或被判刑人逃避服刑的情况。

2. 被判刑人服强制性社会公益劳动刑的场所的行政每月应将被判刑人完成工作所得资金划入相应的预算。被判刑人所完成工作的价值根据该单位实行的定价确定。

3. 如果被判刑人因强制性社会公益劳动致残，对被判刑人的损害赔偿应依照俄罗斯联邦劳动立法进行。

第29条　被判处强制性社会公益劳动刑的人的责任

1. 被判处强制性社会公益劳动的人违反服刑程序和条件的，刑事执行检查处应警告他依照俄罗斯联邦立法应负的责任。

2. 对恶意逃避服强制性社会公益劳动刑的被判刑人，刑事执行检查处应向法院提交关于依照《俄罗斯联邦刑法典》第49条用其他刑罚代替强制性社会公益劳动的报告。

第30条　恶意逃避服强制性社会公益劳动刑

下列情况下被判刑人被认为是恶意逃避服强制性社会公益劳动刑：

（1）一个月内超过2次无正当理由不参加强制性社会公益劳动；

（2）一个月内超过2次违反劳动纪律；

（3）躲藏起来以逃避服刑。

第五章　罚金刑的执行

第 31 条　罚金刑的执行程序

1. 被判处罚金的人必须在法院的刑事判决生效之日起的 30 日内交纳罚金。

2. 如果被判刑人没有可能一次交清罚金，法院可以根据被判刑人的请求和司法执行员的意见书规定延期交纳或在一年内分期交纳。

3. 如果被判刑人不交纳罚金，由司法执行员按强制程序进行追索，其中包括按照俄罗斯联邦民事诉讼立法规定的程序对本法典第 63 条第 1 款所载的被判刑人财产进行追索。

4. 追索罚金时，不得没收列入《不得依照法院刑事判决予以没收的财产清单》的财产。

第 32 条　恶意逃避交纳罚金

1. 被判刑人在本法典第 31 条第 1 款规定的期限内不交纳罚金的和隐匿自己的收入和财产逃避强制追索的，是恶意逃避交纳罚金。

2. 对恶意逃避交纳罚金的被判刑人，司法执行员应向法院提交关于依照《俄罗斯联邦刑法典》第 46 条第 5 款的规定用其他刑罚代替罚金的报告。

第六章　剥夺担任一定职务或从事某种活动的权利刑的执行程序

第33条　剥夺担任一定职务或从事某种活动的权利刑的执行程序

1. 剥夺担任一定职务或从事某种活动的权利这种刑罚，无论是作为主刑，还是作为罚金、强制性社会公益劳动或者劳动改造等刑罚的附加刑，以及在缓刑条件下，均应由被判刑人住所地的刑事执行检查处执行。

2. 作为限制自由、拘役、军纪营管束或剥夺自由等刑罚的附加刑而判处的上述刑罚，应由主刑的执行机构和机关执行，而在主刑服满之后，由被判刑人住所地的刑事执行检查处执行。

3. 刑事执行检查处对被判刑人进行登记；监督被判刑人遵守法院刑事判决对担任一定职务或从事某种活动的禁止性规定；检查被判刑人所在工作单位的行政以及有权撤销禁止被判刑人从事的活动的许可证的机关对判决要求的执行情况；组织对被判刑人进行教育工作。

4. 被判刑人作为附加刑被判处剥夺担任一定职务或从事某种活动的权利这一刑罚的，被判刑人服主刑的机构的行政不得吸收被判刑人完成禁止他从事的工作。

5. 在被判刑人应征或以其他方式服兵役或者被判刑人担任二择其一的文职时，刑事执行检查处应将法院刑事判决的副本发送给军事委员会或被判刑人的任职地点，以便在其服役或任职时执行这一刑罚。

第 34 条　被判刑人工作单位行政的职责

1. 关于剥夺担任一定职务或从事某种活动的权利的刑事判决的各项要求对被判刑人工作单位的行政具有强制力。

2. 被判刑人工作单位的行政必须：

（1）在法院刑事判决副本和刑事执行检查处的通知送达后的 3 日内免除被判刑人被剥夺担任的职务，或者禁止他从事有关的活动，并将执行刑事判决情况的通知送交刑事执行检查处；

（2）根据刑事执行检查处的要求提交与刑罚执行有关的文件；

（3）在同被判刑人的劳动合同变更或终止时，在 3 日内将此情况通知刑事执行检查处；

（4）被判刑人尚未服满刑罚便被单位解职时，在被判刑人的劳动手册上记载被判刑人根据何种理由、多长期限被剥夺担任何种职务或从事何种活动的权利。

第 35 条　有权撤销从事某种活动许可证的机关的职责

1. 关于剥夺从事某种活动的权利的刑事判决对于有权撤销从事有关活动许可证的机关具有强制力。

2. 上述机关应在法院刑事判决副本和刑事执行检查处的通知送达后的 3 日内撤销被判刑人被禁止从事的活动的许可证，收回许可该人从事上述活动的文件，并将关于此情况的通知发送给刑事执行检查处。

第 36 条　剥夺担任一定职务或从事某种活动的权利
期限的计算

1. 剥夺担任一定职务或从事某种活动的权利无论作为主刑，还是作为罚金、强制性社会公益劳动或劳动改造等刑罚的附加刑，以及在缓刑的条件下，如果附加刑没有延期执行，其期限均自刑事判决生效之时起计算。被判刑人担任被禁止的职务或从事被禁止活动的时间不得计入上述刑期。

2. 如果剥夺担任一定职务或从事某种活动的权利这一刑罚是作为限制自由、拘役、军纪营管束、剥夺自由等刑罚的附加刑判处的，则其期限分别自被判刑人从改造中心释放、解除拘役、解除军纪营管束或从改造机构释放之日起计算。

3. 在本条第 2 款规定的情况下，剥夺担任一定职务或从事某种活动的权利的刑事判决的要求也及于被判刑人在上述主刑的整个服刑期间。

第 37 条　被判处剥夺担任一定职务或从事某种活动的
权利的人的义务

被判处剥夺担任一定职务或从事某种活动的权利的人必须执行刑事判决的规定，根据刑事执行检查处的要求提交与服上述刑罚有关的文件，将工作地点、工作地点变更的情况或解除工作的情况通知刑事执行检查处。

第 38 条　不执行剥夺担任一定职务或从事某种活动
权利的刑事判决的责任

权力机关的代表，国家工作人员，地方自治机关的工作人员，国家机构和地方自治机构、商业组织或其他组织的工作人员，恶意不执行已经生效的关于剥夺担任一定职务或从事某种活动的权利的法院刑事判决、法院决定或其他司法文书的，以及被判刑人违反刑事判决规定的，应依照俄罗斯联邦立法规定的程序承担责任。

第七章 劳动改造刑的执行

第 39 条 劳动改造刑的执行程序

1. 劳动改造刑在被判刑人的主要工作地点服刑。

2. 被判刑人应在附有法院刑事判决副本的法院有关指令（裁定、裁决）送达刑事执行检查处之日起的 15 日内开始服刑。

3. 刑事执行检查处对被判刑人进行登记；向被判刑人说明服刑的程序和条件；监督被判刑人遵守服刑的条件和监督被判刑人工作单位的行政执行刑事判决的要求；对被判刑人进行教育工作；监督被判刑人的行为，必要时将被判刑人送往就业服务机关进行劳动安置；对无正当理由传唤不到场和不登记的被判刑人作出拘传决定；采取初步措施侦缉被判刑人；起草有关下落不明的被判刑人的材料并将材料移送有关机构；适用奖励措施和处罚措施，以及确定本法典第 41 条规定的义务和禁止性规定；在被判刑人服刑期间根据他本人的愿望发给解职许可证。

第 40 条 劳动改造刑的服刑条件

1. 被判处劳动改造刑的人必须遵守服刑的程序和条件，认真对待劳动，履行刑事执行检查处为他们规定的义务和遵守刑事执行检查处为他们所作的禁止性规定，传唤时随传随到。

2. 按刑事判决规定的数额从被判刑人工资中扣款。

3. 在被判刑人服劳动改造刑期间，禁止不经刑事执行检查处的书面批准而根据其本人的愿望解除其工作。在对解除工作的合理性进行审查之后可以发给许可书。拒绝发给许可书时，应说明理由。对于拒绝发给许可书的决定可以依照法律规定的程序提出申诉。

4. 没有工作的被判刑人，应自主进行劳动安置，或者在就业服务机关进行登记。被判刑人无权拒绝就业服务机关提供的工作或者转业培训。

5. 被判刑人应在 10 日内将变更工作地点和变更住所地的情况通知刑事执行检查处。

6. 在劳动改造刑的服刑期间，被判刑人工作单位的行政经与刑事执行检查处协商后给被判刑人提供 18 个工作日的带薪的年度休假。俄罗斯劳动立法规定的其他休假，被判刑人按一般根据享受。

第 41 条　对被判处劳动改造的人规定的义务和　　　　　所作的禁止性规定

1. 根据所实施犯罪的性质和社会危害性的程度、被判刑人的个人身份、他在服刑期间的表现，为了预防实施新的违法行为，刑事执行检查处有权：

（1）禁止被判刑人在一昼夜中的一定时间离家外出；

（2）禁止被判刑人在假日以及休假期间离开住所地；

（3）禁止被判刑人在一个地区（城市）的某些场所居留；

（4）责成被判刑人每月两次到刑事执行检查处登记。

2. 本条第 1 款所列义务和禁止性规定的期限为 6 个月以下。

在必要时，期限可以延长，每次可延长 6 个月，但不得超过劳动改造刑的服刑期。

3. 被判刑人没有工作并不免除其履行本条第 1 款规定的义务和遵守该款所列的禁止性规定。

第 42 条　劳动改造期限的计算

1. 劳动改造期限按被判刑人劳动并从其工资中扣款的时间用年、月计算。规定刑期中被判刑人每个月劳动的天数不得少于该月应有的工作日数。如果被判刑人没有干满规定的天数又不具有本法典规定的将不劳动日计入刑期的理由，则劳动改造刑的服刑期应继续直至被判刑人完全干满规定的工作日数。

2. 劳动改造刑的服刑期自被判刑人工作单位的行政收到刑事执行检查处送交的法院刑事判决（裁决、裁定）副本和其他文件之日起算。

3. 被判刑人根据正当理由不工作并依法保留工资的时间应计入服刑期。被判刑人正式被确认为失业的时间亦应计入服刑期。

4. 在被判刑人罹患妨碍其继续服刑的严重疾病时，刑事检查处应向法院送交免除其服刑的报告。

5. 被判刑妇女在服刑期间怀孕时，刑事执行检查处应向法院提交关于自给她放孕期假和产假之日起延期服刑的报告。

6. 如果被判刑人工作单位实行工作时间累计制度，则被判刑人的刑期按统计期间内的工作时间计算，但该期间不得超过规定的工作小时数。

7. 下列时间不得计入刑期：被判刑人不工作的时间，但本条第 4 款规定的情形除外；因酒精中毒、吸毒和嗜药成瘾或与之有关的行为而引发的疾病时间；执行拘留或劳动改造等行政处分的时间，以及服刑期间作为另案的强制措施而被羁押的时间。

第43条 被判处劳动改造的人工作单位行政的职责

1. 被判处劳动改造的人的工作单位行政的职责是：正确和及时地从被判刑人工资中扣款并按规定程序划拨所扣金额；监督被判刑人在生产中的表现并协助刑事执行检查处对被判刑人进行教育工作；遵守本法典规定的服刑条件；将对被判刑人采取的奖励措施和处罚措施、被判刑人逃避服刑的情况通知刑事执行检查处，以及事先通知将被判刑人调往另一职务或将他解职的事宜。

2. 不履行上述职责的，应依照俄罗斯联邦立法追究责任。

第44条 从被判处劳动改造的人工资中扣款的程序

1. 刑事执行检查处对于是否正确和及时从被判处劳动改造刑的人工资中扣款并将所扣金额划拨到相应预算实行监督。为了进行这种监督，刑事执行检查处有权吸收财政机关和税务机关参加。

2. 应从被判刑人主要工作地点的工资中扣款，在发工资时对每工作完的一个月扣款，而不论对被判刑人是否存在依照执行文书的追偿请求。

3. 在扣款时，应计算被判刑人工资的金钱部分和实物部分。所扣金额应按月划拨到相应的预算。

4. 对被判刑人依照社会保险和社会保障程序所领取的补助费、一次性给付不得进行扣款，但失业救济金除外。

5. 被判刑人暂时丧失劳动能力补助金应按扣除法院刑事判决所规定数额后的工资计算。

6. 在法院刑事判决撤销或变更并终止案件时，从被判刑人工资中多扣的金额应全部退还被判刑人。

7. 在被判刑人经济状况恶化时，刑事执行检查处、被判刑人本人或被判刑人工作单位的行政均有权向法院提出减少从被判刑人工资中扣款数额的请求。作出减少扣款数额的决定时，应计算被判刑人的所有收入。

第 45 条　对被判处劳动改造的人适用的奖励措施

1. 被判处劳动改造的人表现良好和对劳动的态度认真的，刑事执行检查处可以缩短本法典第 41 条所规定的义务和所作禁止性规定的期限和减少其范围。

2. 对于证明已得到改造的被判刑人，可以由刑事执行检查处提请假释。

第 46 条　违反劳动改造刑的服刑程序和条件以及恶意逃避服刑的责任

1. 下列情节是被判刑人违反劳动改造刑的服刑程序和条件的行为：

（1）自刑事执行检查处登记之日起的 15 日内没有正当理由而不参加劳动，或者在上述期限内不到就业服务机关登记；

（2）没有正当理由不向刑事执行检查处报到；

（3）违反本法典对之规定的义务和所作禁止性规定；

（4）旷工或者在醉酒、吸毒或嗜药成瘾状态下上班。

2. 对被判处劳动改造的人违反服刑程序和条件的，刑事执行检查处可以适用关于用其他刑罚代替劳动改造的书面警告。

3. 在因本条第 1 款所载任何违法行为而宣布书面警告之后再次违反服刑程序和条件的被判刑人，以及逃离住所地而下落不明的被判刑人，是恶意逃避服劳动改造刑。

4. 对逃离住所地而下落不明的被判刑人，可以宣布通缉，并且可以经检察长批准在拘捕后羁押 30 日以下。

5. 对恶意逃避服劳动改造刑的人，刑事执行检查处应向法院送交关于依照俄罗斯联邦刑法典第 50 条第 3 款的规定用其他刑罚代替劳动改造的报告。

第八章　限制自由刑的执行

第 47 条　服限制自由刑的场所

1. 被判处限制自由的人在专门机构——改造中心服刑，通常在被判刑人居住或判刑的俄罗斯联邦主体地域范围内。

2. 被判处限制自由以替代其他刑种的人可以押送到位于俄罗斯联邦其他主体地域的改造中心服刑。被判刑人常住地不设改造中心的，被判刑人也可按此程序遣送异地服刑。

3. 地方自治机关应协助执行限制自由刑的机关对被遣送服刑的被判刑人进行劳动安置和生活安置。

第 48 条　将被判处限制自由的人遣送到服刑场所

1. 被判处限制自由的人或为替代其他刑种而被判处限制自由的人由国家负担费用自行前往服刑场所。内务机关根据刑事判决或法院裁定发给被判刑人前往服刑场所的命令。被判刑人自接到命令之日起的 3 日内应前往服刑场所并在命令规定的路途所必需的期限内到达。

2. 如果被判刑人逃避领取本条第 1 款所述的命令，或在规定的期限内没有前往服刑场所，内务机关根据检察长的批准可拘捕被判刑人，并羁押 15 日以下，以查明违反前往服刑场所程序的原因。如无正当理由不前往服刑场所，内务机关应按对被判处剥夺自由的人规定的办法将被拘留人押送至服刑场所。

3. 剥夺自由刑未服满部分改判限制自由的人不再羁押，自行前往改造中心并由国家负担费用。劳动改造机关的行政也可以准许被判刑人 5 日以内的短期外出，途中时间不计算在内，然后自行到达改造中心。

4. 考虑到被判刑人的个人身份、改造机构和改造中心的所在地，被判刑人可依照法院裁定按对被判处剥夺自由的人规定的程序遣送至改造中心。

5. 在本条第 3 款指出的情况下，改造机构的行政发给被判刑人前往服刑场所的命令，并规定路线和到达改造中心的时间，并将准许外出的期限计算在内。

6. 如果被判刑人未到达服刑场所，对被判刑人则进行通缉。

7. 被判刑人拘捕以后，按照对被判处剥夺自由的人规定的程序押送至服刑场所，或向法院提请将限制自由改判剥夺自由。

第 49 条　限制自由期限的计算

1. 限制自由的期限自被判刑人在改造中心登记之日起计算。

2. 在剥夺自由刑未服满部分改判限制自由的情况下，被判刑人作为强制措施被羁押时间和从改造机构押送至改造中心的时间计入限制自由的期限，羁押一日折抵限制自由 2 日，以及从改造机构释放至到达改造中心前的短期外出时间也计入限制自由的期限。

3. 被判刑人擅自缺工和离开住所地超过一昼夜的时间不计入限制自由的期限。

第 50 条　限制自由刑的服刑程序

1. 地方自治机构根据内务机关的报告确定改造中心的地域界限并规定该区域内居民的行为规则。

2. 在劳动改造中心执行俄罗斯联邦内务部会同俄罗斯联邦总检察院批准的《改造中心内部规章》。

3. 被判处限制自由的人置于监管之下，并应该：

（1）执行《改造中心内部规章》；

（2）在改造中心行政派往的地点工作；

（3）经常居留在改造中心范围内，不经行政的许可不得离开；对通过改判较轻刑罚而被判处限制自由的人，如果被判刑人在释放后改造机构的行政未准许其外出，在必要情况下，改造中心的行政可以在被判刑人登记后立即准许其外出 5 昼夜以内；

（4）一般居住在被判刑人的专用宿舍内，未经改造中心行政的准许夜间不得离开宿舍；

（5）轮流参加没有劳动报酬的改善改造中心房屋和地区设施的劳动，一般在非工作时间进行，每周不超过 2 小时；

（6）始终随身携带规定格式的证明被判刑人身份的证件。

4. 按照改判较轻刑罚的程序被判处限制自由的人，和依据法院刑事判决被判处限制自由的人，一般不能关押在同一个改造中心。

5. 以前服过剥夺自由刑并有前科的被判刑人与其他被判刑

人分别关押；因实施共同犯罪而被判刑的人应分开服刑。

6. 禁止被判刑人购买、保存和使用俄罗斯联邦立法和《改造中心内部规章》开列清单的物品和物质。如果在被判刑人身边发现这些物品，应根据改造中心首长的决定对这些物品予以收缴，并交付保管、销毁或者销售。销售收缴物品所得的资金划入相应的预算。对收缴的物质按同样的办法交付保管或销毁。

7. 对被判刑人及其居住的房舍可进行搜查，对被判刑人的物品可进行检查。

8. 不违反《改造中心内部规章》，且有家庭的被判刑人，根据改造中心首长的决定，准许和家属在租赁房屋或自有房屋共同居住。上述被判刑人每个月应进行 4 次以内的登记。登记具体次数由改造中心首长确定。

9. 准许被判处限制自由的人参加在服刑场所所在俄罗斯联邦主体地域内设立的中等职业和高等职业教育机构函授学习。

第 51 条　被判处限制自由的人的物质生活保障

1. 被判处限制自由的人在改造中心保障享有必需的居住生活条件。

2. 被判刑人安排在改造中心的宿舍居住，他们应有个人的床位和卧具。在改造中心每个被判刑人的居住面积标准不应少于 4 平方米。

3. 被判刑人自行用自己的钱购买服装、内衣和鞋。如果被判刑人因非本人原因而没有自己的金钱，改造中心行政应个别给予帮助。

4. 被判刑人伙食由改造中心行政组织供应，并由被判刑人自己负担费用。如果被判刑人由于非本人原因而没有自己的金钱，伙食费用由国家保障。

5. 在改造中心服刑的被判刑人有权随身携带并处分钱款，有权购买、保存和使用俄罗斯联邦立法和《改造中心内部规章》开列清单以外的所有物品、制成品和物质。

第52条　被判处限制自由的人的医疗卫生保障

1. 根据俄罗斯联邦卫生立法和本法典规定的服刑程序，向被判处限制自由的人提供医疗预防和卫生预防救助。

2. 为向被判刑人提供门诊医疗服务，根据俄罗斯联邦内务部和俄罗斯联邦卫生部的决定，可以建立医疗机构。

3. 根据俄罗斯联邦卫生部会同俄罗斯联邦内务部制定的规范性法律文件规定的程序，由改造中心所在地的卫生机构向被判刑人提供住院医疗服务。

4. 改造中心行政对于卫生防疫要求的执行承担责任。

第53条　被判处限制自由的人的劳动条件

1. 被判处限制自由的人可在各种所有制形式的单位中劳动。

2. 被判刑人的劳动由俄罗斯联邦劳动立法调整，但关于招工、解雇和工作调动的规则除外。

3. 将被判刑人调至其他工作，包括调至其他地区，由被判刑人工作单位的行政与改造中心行政协商后进行，并尽可能考虑被判刑人本人的意见。

4. 对没有必要专业知识的被判刑人保障获得初等职业教育或职业培训。

第 54 条　改造中心行政的职责

1. 改造中心行政对被判处限制自由的人进行登记；说明服刑的程序和条件；组织被判刑人的劳动安置和生活安置；保障服刑的程序和条件得到遵守；对被判刑人进行监管并为预防违反服刑程序采取措施；对被判刑人进行教育工作；适用法律规定的奖励和处罚措施；进行被判刑人获释的培训工作。

2. 履行上述职责的程序由本法典以及规范性法律文件规定。

第 55 条　被判处限制自由的人工作单位行政的职责

1. 被判处限制自由的人工作单位的行政保障根据被判刑人的健康情况和职业培训状况吸收他们参加劳动；保障他们获得初等职业教育和职业培训，并参与创造必要的居住和生活条件。

2. 被判刑人工作所在单位的行政不得解除被判刑人的工作，但下列情况除外：

（1）被判刑人依据俄罗斯联邦刑事立法规定的理由免予服刑；

（2）被判刑人调至其他单位工作或调往其他改造中心；

（3）限制自由改判剥夺自由；

（4）判处服限制自由刑的人剥夺自由的刑事判决生效；

（5）由于被判刑人健康状况或由于工作量减少不可能继续进行该项工作。

第 56 条　对被判处限制自由的人的教育工作

1. 改造中心行政以及被判刑人工作单位的行政对被判处限制自由的人进行教育工作。

2. 对积极参加教育活动的被判刑人进行奖励，并在评定被判刑人得到改造的程度时加以考虑。

第57条　对被判处限制自由的人适用的奖励措施

1. 对表现良好、劳动态度认真的被判处限制自由的人，改造中心行政可以适用以下奖励措施：

（1）表扬；

（2）准许在改造中心以外度过节假日；

（3）准许离开改造中心外出休假；

（4）发给奖金；

（5）提前撤销以前的处分。

2. 对被判刑人可以按法律规定的程序提请假释。

第58条　违反限制自由刑的服刑程序和条件以及恶意逃避服限制自由刑的责任

1. 违反限制自由刑的服刑程序和条件是指：违反劳动纪律，破坏社会秩序或为被判刑人规定的居住制度，并因上述行为受到书面警告处分。

2. 对违反劳动纪律、社会秩序或居住规则的被判刑人，改造中心行政可适用下列处罚措施：

（1）警告；

（2）每天特定时间禁止离开宿舍，期限为1个月以内；

（3）根据《改造中心内部规章》关入纪律处罚隔离室，期限为15日以内。

3. 被判刑人无正当理由擅自离开改造中心区域，不返回或不按时返回服刑场所，以及擅自离开工作场所或住所地的是恶意逃避服限制自由刑。如果在 15 日内未发现离开改造中心区域的被判刑人，则宣布通缉，并应予以拘捕。

4. 无正当理由擅自离开改造中心区域的被判刑人拘捕后，内务机关按照对被判处剥夺自由的人规定的程序将其押送至服刑场所。如果有材料说明被判刑人恶意逃避服刑，可向被判刑人拘捕地的法院提请将未服完的限制自由期限改判剥夺自由。

5. 在本条第 3 款规定的情况下，内务机关或改造中心行政经检察长批准后，拘捕被判刑人，并羁押 30 日以下。

第 59 条　对判处限制自由的人适用奖励和处罚措施的程序

1. 对被判处限制自由的人适用奖励和处罚措施应采用书面形式。

2. 在适用处罚措施时应考虑到被判刑人违法行为的情节、个人身份及其以前表现。给予的处罚应与违法行为的严重程度和性质相当。处罚应在发现违法行为之日起 10 日内给予，如因违纪行为需要进行调查，则在调查结束之日起的 10 日内处罚，但不得迟于违法行为实施之日起的 30 日。处罚一般应立即执行，在特殊情况下，自给予处罚之日起 30 日内执行。

3. 改造中心首长或代理首长的人员有权适用本法典规定的所有奖励和处罚措施。队长有权向被判刑人宣布表扬。

第 60 条　对被判处限制自由的人的监管和防止其违反服刑程序的措施

1. 改造中心行政对被判处限制自由的人进行监管。监管是在住所地和工作地以及在非劳动时间对被判处限制自由的人进行监视和监督。进行监管的程序由规范性法律文件确定。

2. 被判刑人如破坏社会秩序可关入纪律处罚隔离室，直至对其作出适用处罚措施的决定，但不得超过 24 小时。

第九章　附加刑的执行

第 61 条　关于剥夺专门称号、军衔或荣誉称号、职衔和国家奖励的法院刑事判决的执行

1. 作出关于剥夺专门称号、军衔或荣誉称号、职衔或国家奖励的刑事判决的法院，应在判决生效后将判决的副本发送给对被判刑人授予上述称号、军衔、职衔或国家奖励的公职人员。

2. 公职人员应按规定程序在有关文件中作关于剥夺被判刑人专门称号、军衔或荣誉称号、职衔或国家奖励的记载，以及采取措施剥夺为具有相应称号、军衔、职衔或奖励的人员所规定的权利和优惠。

3. 法院对军人的刑事判决的副本应发送给兵役登记地的军事委员会。

4. 公职人员在收到刑事判决副本之日起的 1 个月内应将判决的执行情况通知作出判决的法院。

第 62 条　关于没收财产的法院刑事判决的执行程序

1. 作出关于没收财产的刑事判决的法院，应在刑事判决生效后将执行书、没收财产的清单和刑事判决的副本送交司法执行员执行，以上事项还应通知有关的财政机关。在案卷中没有没收财产清单时，应送交关于未制作没收财产清单的证明书。

2. 没收财产刑由财产所在地的司法执行员执行。

第 63 条 应予没收的财产

1. 被判刑人的财产，包括在共有财产中的份额、商业组织注册资本中的股份、金钱、有价证券、其他贵重物品，其中包括在财政信贷组织和银行的账户、存款和保管的财产，以及被判刑人交付委托管理的财产，均应予以没收。没收被判刑人在商业组织注册资本中股份的程序由俄罗斯联邦财政部会同俄罗斯联邦经济部和俄罗斯联邦司法部规定。

2. 列入《不得依照法院刑事判决予以没收的财产清单》的被判刑人财产，不得予以没收。

3. 关于应予没收的财产属性的争议，按照俄罗斯联邦民事诉讼程序解决。

第 64 条 司法执行员执行没收财产的法院刑事判决的行为

1. 司法执行员在收到执行书、没收财产清单副本和刑事判决副本之后，应立即检查清单所列财产是否存在，查明应予没收的其他财产并将该财产列入清单。如果没收财产的清单没有制作，则司法执行员要采取措施查明应依照法院判决予以没收的被判刑人财产，并在发现财产时依照俄罗斯联邦的立法制作该财产的清单。

2. 在没收财产清单中应载明每一物品的准确全称、特征（包括颜色、尺寸、新旧程度和个别性特征说明）。列入没收财产清单的物品应交付保管，而在必要时还应加封并盖印，以上事项应在没收财产的清单中作出记载。没收财产的清单中还要有如下资料：被判刑人在共有财产中的份额、在商业组织注册资金中的股份、金额、有价证券、其他贵重物品，在财政信贷组织和银行中的账户、存款和保管的财产，并附上述组织和银行的证明。

3. 司法执行员应采取必要措施保护没收财产清单中所列的财产。

4. 司法执行员制作的没收财产清单由审判员批准。

5. 被判刑人在共有财产中的份额根据司法执行员的报告，依照民事诉讼程序，由有司法执行员参加的法庭确定。

第65条　第三人对应予没收财产的义务

1. 如在组织和公民处发现有应根据法院刑事判决予以没收的财产，该组织和公民应将此情况通知法院或有关财政机关。

2. 依照本法典第64条接受保管没收财产的组织和公民，应保障财产的完好。

3. 隐匿、损坏和盗窃上述财产的，应依法追究责任。

第66条　向财政机关移交被没收的被判刑人财产

1. 向财政机关移交被没收的被判刑人财产应在依照俄罗斯联邦立法清偿对被判刑人提出的所有请求之后进行。对于应该使用被没收的被判刑人财产予以清偿的请求，国家负责以其净资产为限进行清偿。

2. 向财政机关移交被没收的被判刑人财产的程序由俄罗斯联邦财政部和俄罗斯联邦司法部规定。

第67条　在刑事判决执行之后所查明财产的没收

如果在刑事判决中关于没收全部财产的部分已经执行之后，但在法律规定的有罪判决时效期届满之前又发现了尚未被没收的被判刑人财产，而该财产系被判刑人在法院作出判决之前取得，或虽在法院作出判决之后取得，但系利用应予没收的资金取得，只要该财产为可以依法没收的财产，则作出判决的法院，或者刑事判决执行地的法院，应根据司法执行员的报告作出追缴所发现财产的裁定。

第三编　拘役刑的执行

第十章　拘役刑的执行程序和条件

第 68 条　拘役刑的服刑场所

1. 被判处拘役的人在判刑地的拘留所服刑。

2. 被判刑人一般在一个拘留所服满整个刑期。

3. 在被判刑人患病时，或者为了保障其人身安全，以及在妨碍继续在该拘留所服刑的其他特殊情况下，允许将被判刑人从一个拘留所移送到另一个拘留所。

第 69 条　拘役刑的执行程序和条件

1. 被判处拘役的人应在严格隔离的条件下关押。下列各种人应与其他各种被羁押的人隔离并分开关押：被判刑的男子，被判刑的妇女，未成年被判刑人，以及以前在改造机构服过刑的被判刑人和有前科的被判刑人。

2. 对被判刑人适用本法典对被判处剥夺自由，并在监狱的普通管束条件下服刑的人所规定的关押条件。被判刑人不准接受探视，但会见律师和其他有权提供法律帮助的人除外；不准接收包裹、转交物品和印刷邮件，但日用必需品和应季衣物除外。不对被判刑人进行普通教育、职业教育和职业培训；无押解人员不许转移。被判刑人有权每月花费不超过法定最低劳动报酬 20% 的金额购买食品和生活必需品。

3. 未成年被判刑人可以每月一次接受父母或代替父母的人

为时 3 小时以下的短期探视。

4. 被判刑人有权享有每天不少于一小时的放风，而未成年被判刑人每日放风时间为不少于一个半小时。

5. 在个人特殊情况下可以准许被判处拘役的人与亲友通电话。

第 70 条　吸收被判处拘役刑的人参加劳动

拘留所的行政有权吸收被判刑人无偿参加拘留所内的庶务性工作，每周劳动时间不超过 4 小时。

第 71 条　对被判处拘役刑的人适用的奖励和处罚措施

1. 被判处拘役的人如表现良好，可以对他们适用以下奖励措施：表扬、提前撤销处分或准许打电话。

2. 被判处拘役的人如违反服刑程序，可以对他们适用以下处罚措施：警告或关入处罚隔离室，时间为 10 日以下。

3. 对被判刑人适用奖励措施和惩罚措施的程序由本法典第 114 条和第 117 条调整。

第 72 条　被判处拘役刑的人的物质生活保障和医疗服务

1. 被判处拘役的人的物质生活保障按照为被判处剥夺自由并在监狱中普通管束制度条件下服刑的人所规定的标准进行，而对未成年被判刑人，按照为教养营规定的标准进行。

2. 被判刑人有权获得医疗救助。

第四编 剥夺自由刑的执行

第十一章 剥夺自由刑执行的一般规定

第 73 条 剥夺自由刑的服刑场所

1. 被判处剥夺自由的人，在其住所地或判刑地的俄罗斯联邦主体境内的改造机构服刑。在特殊情况下，根据被判刑人的健康状况，或为了保障其人身安全，或经其本人同意，被判刑人可以被移送到俄罗斯联邦其他主体境内的相应改造机构服刑。

2. 如果被判刑人住所地或被判刑地没有相应种类的改造机构或者不可能将被判刑人安置在现有的改造机构内，被判刑人应移送到俄罗斯联邦该主体境内最近的改造机构，或者与有关上级刑事执行管理机关协商后移送到俄罗斯联邦其他主体境内的改造机构。

3. 为特别危险的累犯的被判刑人、被判处终身剥夺自由的人、被判处在监狱服剥夺自由刑的人、被判处死刑获特赦而被改判剥夺自由的人、被判刑的妇女、未成年被判刑人，以及被判刑的外国公民和无国籍人，应送往相应改造机构所在地服刑。

第 74 条 改造机构的种类

1. 改造机构是：改造营、教养营、监狱、医疗性改造机构。侦查羁押所对被留下来完成庶务性工作的被判刑人行使改造机构的职能。

2. 改造营为被判处剥夺自由的成年人而设立。改造营分为改造村、普通管束制度的改造营、严格管束制度的改造营、特别管束制度的改造营。

3. 因过失犯罪而被判处剥夺自由的人，以及依照本法典第78 条第 2 款和第 3 款规定的根据和程序从普通管束制度的改造营和特别管束制度的改造营移送来的被判刑人，在改造村服刑。

4. 除本条第 5 款、第 6 款和第 7 款所列以外的被判刑男子，以及除本条第 5 款所列以外的被判刑妇女，在普通管束制度的改造营服刑。

5. 因特别严重的犯罪初次被判处剥夺自由的男子，此前服过剥夺自由刑的累犯和危险的累犯，以及特别危险的妇女累犯，在严格管束制度的改造营服刑。

6. 特别危险的男性累犯，被判处终身剥夺自由的人，以及被判处死刑获特赦而改判有一定期限剥夺自由或终身剥夺自由的人，在特别管束制度的改造营服刑。

7. 因特别严重的犯罪而被判剥夺自由超过 5 年的人，特别危险的累犯，以及恶意违反服刑程序而从改造营移送来的被判刑人，在监狱服刑。

8. 本法典第 18 条第 1 款和第 3 款所列被判刑人在医疗性改造机构服刑。

9. 在教养营服刑的是被判处剥夺自由的未成年人，以及被留在教养营内直至年满 21 岁的被判刑人。

第 75 条　押送被判处剥夺自由的人去服刑

1. 在自侦查羁押所的行政收到关于法院刑事判决生效的通知之日起的 10 日内，被判刑人应被押送去服刑。在此期间，被判刑人有权接受亲属或其他人的短期探视。将被判刑人押送去改造机构的程序由俄罗斯联邦内务部规定。

2. 侦查羁押所的行政，应根据被判刑人的选择，向被判刑人的一位亲属通知被判刑人将被押往何处服刑。

第76条　被判处剥夺自由的人的押送

1. 被判处剥夺自由的人前往服刑场所，以及从一服刑场所到另一服刑场所，应由押解人员押送。

2. 押送被判刑人应遵守男女分开关押、未成年人与成年人分开关押、死刑犯与其他各种被判刑人分开关押、因共同犯罪而被判刑的人分开关押的规则。患有开放性结核病或未做完花柳病全部疗程的被判刑人，患有不排除刑事责任能力的精神病的被判刑人，已感染艾滋病病毒的被判刑人应分别押送并同健康的被判刑人分开押送，而在必要时，根据医生的诊断书，还要有医务人员随行。

3. 在押送被判刑人时，应保障他们享有必要的物质生活条件和卫生条件。

4. 在押送被判刑人时，应保障他们的应季衣物，以及在押解全程按为被判刑人规定的标准供应伙食。

5. 押送被判刑人的费用由国家负担。

6. 押送被判刑人的程序由依照本法典通过的规范性法律文件规定。

第77条　将被判处剥夺自由刑的人留在侦查羁押所或监狱

1. 在特殊情况下，初次被判处剥夺自由，刑期不超过5年并被判处在普通管束制度的改造营服刑的人，经他们本人的同意，可以留在侦查羁押所或监狱完成庶务性工作。

2. 将被判刑人留在侦查羁押所或监狱完成庶务性工作由侦查羁押所所长或监狱长决定，并须有被判刑人的书面同意。

3. 被留在侦查羁押所或监狱完成庶务性工作的被判刑人，应同其他人员分开，依照本法典为普通管束制度的改造营规定的条件，关押在不上锁的公共牢房中，并享有每天两小时放风的权利。

4. 被判处剥夺自由并在改造营或教养营服刑的人，在为了对他人所犯罪案进行侦查行为之必需时，可以被留在侦查羁押所或监狱，其期限由俄罗斯联邦刑事诉讼立法规定。

5. 在为参加他人所犯罪案的法庭审理之必需时，被判刑人可以根据法院的裁定在该案法庭审理期间留在侦查羁押所或监狱。

6. 如果被判刑人因另案被追究刑事责任，并对他选择了羁押这一强制措施，则其在侦查羁押所关押的期限依照俄罗斯联邦刑事诉讼立法决定。

7. 依照本条第4款、第5款和第6款所规定的根据，被判刑人可以从改造机构移送到侦查羁押所或监狱。

第78条 改造机构种类的变更

1. 根据被判刑人的表现和劳动态度，可以变更被判刑人服刑的改造机构的种类。

2. 表现良好的被判刑人可以按下列办法移送以继续服刑：

（1）被判刑人在监狱至少服完法院刑事判决所判处刑期一半的——从监狱移送到改造营；

（2）处在宽松关押条件下的被判刑人至少服完刑期的1/3，而因特别严重的犯罪被判刑的人，或者在服剥夺自由刑时被假释而在未服完的那部分刑期中又犯新罪的人，至少服完刑期的2/3 的——从普通管束制度的改造营和严格管束制度的改造营移送到改造村。

3. 下列被判刑人不得移送到改造村服刑：

（1）特别危险的累犯；

（2）被判处终身剥夺自由获特赦而改判有一定期限剥夺自由的人；

（3）被判处死刑而被特赦改判剥夺自由的人；

（4）未经过强制医疗，以及需要在封闭的医疗机构进行专门治疗的被判刑人；

（5）对移送到改造村不给予书面同意的被判刑人。

4. 恶意违反规定的服刑程序的被判刑人，可以按下列办法移送：

（1）从改造村移送到法院以前判决的那种改造营；

（2）从被判刑人依照法院判决被押送到的改造村移送到普通管束制度的改造营；

（3）从普通管束制度的改造营和严格管束制度的改造营移送到监狱，期限不超过 3 年，并在移送到监狱之前所在的那种管束制度的改造营中服完尚未服完的那部分刑期。

5. 改造机构种类的变更由法院进行。

第 79 条　改造机构接受被判处剥夺自由的人

1. 改造机构接受被判处剥夺自由的人由改造机构的行政依照《改造机构内部规章》规定的程序进行。

2. 被判刑人在到达改造机构后，应关押在检疫隔离所，期限为 15 日以下。在检疫隔离所期间，被判刑人按普通服刑条件关押。

第 80 条　被判处剥夺自由的人在改造机构中分开关押

1. 在改造机构中，规定对被判处剥夺自由的男子和妇女分开关押，未成年人和成年人分开关押。

2. 初次被判处剥夺自由的人与此前曾服过剥夺自由刑的人分开关押。在一个改造机构中，可以分开关押初次被判处剥夺自由的妇女和此前曾服过此种刑罚的妇女。下列被判刑人应与其他被判刑人隔离，并且分开关押：特别危险的累犯；被判处终身剥夺自由的人；被判处死刑而被特赦改判有一定期限剥夺自由的人。

3. 法院和执法机关的前工作人员被判刑的，应关押在单独的改造营中。其他被判刑人也可以押送到这些机构。

4. 本条规定的对被判刑人分开关押的要求，也适用于医疗改造机构，以及设有婴儿室的改造营。被押送到上述机构的被判刑人，按照法律对法院判处的那种改造营规定的条件关押。

5. 患有各种传染病的被判刑人，应同健康的被判刑人隔离，并分开关押。

第 81 条　被判处剥夺自由的人在一个改造机构服满　　　　　　整个刑期

1. 被判处剥夺自由的人一般应该在一个改造营、监狱或教养营服满整个刑期。

2. 在被判刑人患病时，或者为了保障被判刑人的人身安全，在改造机构改组或撤销时，以及在妨碍被判刑人继续关押在该改造机构的其他情况下，允许将被判刑人从一个改造营移送到同一种类的另一个改造营，或者从一个监狱移送到另一个监狱继续服刑。移送被判刑人的程序由俄罗斯联邦内务部规定。

第十二章　改造机构中的管束制度及其保障手段

第82条　改造机构的管束制度及其基本要求

1. 改造机构的管束制度是法律和与法律相一致的规范性法律文件所规定的执行剥夺自由刑和服剥夺自由刑的程序。该程序应能保障对被判刑人的看守和隔离，保障对他们实行经常性的监督，保证他们所承担的义务的履行，实现他们的权利和合法利益，保障被判刑人和改造机构工作人员的人身安全，保障将各类被判刑人分开关押，根据法院判处的改造机构的种类而实行不同的关押条件，保障服刑条件的变更。

2. 管束制度为适用改造被判刑人的其他手段创造条件。

3. 在改造机构中实行俄罗斯联邦内务部会同俄罗斯联邦总检察院批准的《改造机构内部规章》。

4. 改造机构的行政必须保障向被判刑人发放规定式样的囚衣。囚衣的式样由俄罗斯联邦的规范性法律文件规定。

5. 对被判刑人，以及关押被判刑人的房舍，可以进行搜查，而对被判刑人的物品，可以进行检查。人身搜查应由与被判刑人同性别的人员进行。允许在刻不容缓的情况下对住房进行搜查，但在其中关押的被判刑人必须在场。

6. 改造机构的行政有权对处于改造机构区域内和规定了管束制度要求的毗邻区域的人员及其物品、交通运输工具进行检查，以及有权没收俄罗斯联邦立法和《改造机构内部规章》所开列清单的违禁物品和文件。

7. 进行搜查和检查的程序由俄罗斯联邦内务部规定。

8. 允许被判刑人随身保存的物品的清单和数量由《改造机构内部规章》规定。被判刑人不得随身保存现金、有价证券和其他贵重物品，以及没有列入该清单的物品。

9. 在被判刑人身边发现的现金、有价证券和其他贵重物品应予以收缴并依照《改造机构内部规章》由改造机构的行政进行保管直至被判刑人得到释放，被判刑人在服刑期间无权对它们进行使用和处分。从被判刑人身边收缴的违禁物品、物质和食品，应根据改造机构首长的决定交付保管或进行销毁，对此应制作相应的文书。

10. 改造机构的行政应保证保管被判刑人按规定程序购买的有价证券。

第83条　监管和监督的技术手段

1. 为了防止被判刑人脱逃和实施其他犯罪以及实施违反服刑程序的行为，为了对被判刑人的行为表现获得必要的信息，改造机构的行政有权使用视听设备、电子设备和监管和监督的其他技术手段。

2. 改造机构的行政必须将采用上述监管和监督手段的事宜通知被判刑人，并取得有关的收据。

3. 监管和监督技术手段的清单及其使用办法由俄罗斯联邦的规范性法律文件规定。

第84条　改造机构中的业务性搜查活动

1. 依照俄罗斯联邦立法的规定，在改造机构中进行业务性搜查活动，其任务是：保障被判刑人、改造机构工作人员和其他人员的人身安全；预防和揭露正在改造机构内预备的和实施的犯罪和违反服刑程序的行为；按照规定程序搜查从改造机构脱逃的被判刑人以及逃避服剥夺自由刑的被判刑人；协助查明和揭露被判刑人在来改造机构之前所实施的犯罪。

2. 业务性搜查活动由改造机构的业务部门以及其他被授权的人员在其权限范围内进行。

第85条 改造机构中特殊条件下的管束制度

1. 在发生自然灾害，改造机构所在地区被宣布紧急状态、非常状态和战争状态，发生聚众骚乱的情况下，以及发生被判刑人集体不服从改造的情势时，在改造机构可以实行特殊条件下的管束制度。

2. 在实行改造机构中特殊条件下管束制度的期间，可以中止实行本法典第88～97条规定的被判刑人的某些权利，实行加强看守和监管，实行接触某些客体的特别程序，变更作息时间，限制生产、生活、文化教育、医疗卫生和其他部门的活动。

3. 特殊条件下的管束制度根据俄罗斯联邦内务部长或者俄罗斯联邦主体内务部长、内务局长会同俄罗斯联邦总检察长或相应检察长的决定实行，时间为30昼夜以下。在特殊情况下，按照本条第1款规定的理由，特殊条件下的管束制度实行的时间可以由上述公职人员再延长30昼夜。

4. 在发生对被判刑人、改造机构工作人员和其他人员生命和健康的直接威胁时，改造机构的首长可以自主实施本条第2款规定的措施，并立即向有权作出上述决定的公职人员报告情况。在这种情况下，上述公职人员应在收到报告之时起的3日内作出实行特殊条件下的管束制度或者取消已实施措施的决定。

第 86 条　安全措施及其适用的根据

1. 在被判刑人对抗改造机构工作人员，恶意不服从工作人员的合法要求，蛮横滋事，参与聚众骚乱、劫持人质、袭击公民或实施其他危害社会的行为时，以及在从改造机构逃跑的被判刑人脱逃和拘捕时，为了制止上述违法行为，以及防止这些被判刑人对周围人群或他们自己造成损害，可以采用身体暴力、专门手段和动用武器。

2. 适用本条第 1 款所载安全措施的程序由俄罗斯联邦的立法规定。

第十三章　改造机构中的服刑条件

第 87 条　被判处剥夺自由的人的服刑条件

1. 在一个改造营范围内，被判处剥夺自由的人可以在该改造营管束制度的种类规定的普通服刑条件、宽松服刑条件和严格服刑条件下服刑。

2. 对于关押在监狱的被判刑人，规定有普通管束制度和严格管束制度。

3. 被判刑人从一种服刑条件依照本法典第 120 条、第 122 条、第 124 条、第 127 条、第 130 条和第 132 条规定的根据移转到另一种服刑条件下，根据改造机构委员会的决议进行，地方自治机关的代表可以参加该委员会的工作。改造机构委员会还决定将关押在监狱的被判刑人从普通管束制度移转到严格管束制度和从严格管束制度移转到普通管束制度的问题。

4. 如果被判刑人不同意移转到改造营中的严格服刑条件下，

或者不同意移转到监狱的严格管束条件下，他有权按规定程序对移转的决定提出申诉。

第88条　被判处剥夺自由的人购买食品和生活必需品

1. 被判处剥夺自由的人可以通过非现金结算方式用在服刑期间挣得的钱，以及用所获得的赡养金和社会补助费不受限制地购买食品和生活必需品。

2. 除被判刑人在服刑期间挣得的钱外，准许被判刑人另外花费的金钱数额由本法典第121条、第123条、第125条、第131条和第133条规定。

3. 如果准许花费的钱在当月没有花完，被判刑人可以在下月用未花完的金额购买食品和生活必需品。

4. 对于在繁重条件下，以及在劳动条件有害或危险的工作中，在位于极北地区和与之相当地区的企业中超额完成工作定额或模范完成任务的被判刑人，俄罗斯联邦主体的国家权力机关有权提高准许花钱的数额，但不超过法定最低劳动报酬并加算俄罗斯联邦立法规定的津贴的数额。

5. 怀孕的和身边有子女的被判刑妇女，可以使用其个人账户上的资金购买食品和生活必需品，但不得超过法定最低劳动报酬的一倍半并加算俄罗斯联邦立法规定的津贴的数额。

6. 一等或二等残废的被判刑人，以及在医疗性改造机构服刑的被判刑人，可以使用其个人账户上的资金购买食品和生活必需品，但不得超过法定最低劳动报酬的一倍并加算俄罗斯联邦立法规定的津贴的数额。

7. 禁止出售给被判刑人的食品和生活必需品的清单以及它们的数量，由《改造机构内部规章》规定。

第 89 条　被判处剥夺自由的人的探视

1. 被判处剥夺自由的人有权在改造机构的区域内接受时间为 4 小时的短期探视和时间为 3 昼夜的长期探视。在本法典规定的情况下，被判刑人可以接受长期探视并在改造机构范围之外居住，时间为 5 昼夜。在这种情况下，由改造机构的首长规定探视的办法和地点。

2. 短期探视是在有改造机构行政的代表在场的情况下会见亲属或其他人员。长期探视是会见配偶、父母、子女、收养人、被收养人、亲兄弟姐妹、祖父母、外祖父母、孙子女并有权与他们一起居住，而在特殊情况下，经改造机构首长的准许，可以接受其他人员的探视。

3. 根据被判刑人的请求，可以准许他们用短期探视代替长期探视，或者用通电话代替短期探视或长期探视，而在教养营，可以用接受短期探视并离开教养营外出代替长期探视并在改造机构外居住。用一种探视方式代替另一种探视方式的办法由《改造机构内部规章》规定。

4. 为了获得法律帮助，根据被判刑人的申请，准许他们会见律师或有权提供法律帮助的其他人员。根据被判刑人和上述人员的意愿，可以准许他们单独会面。

第 90 条　被判处剥夺自由的人接收包裹、转交物品和
印刷邮件

1. 准许被判处剥夺自由的人接收本法典第 121 条、第 123 条、第 125 条、第 131 条和第 133 条规定数量的包裹、转交物品和印刷邮件。一个包裹或印刷邮件的最大重量由邮政规则规定。

一个转交物品的重量不得超过一个包裹的规定重量。

2. 患病的被判刑人、一等或二等残废的被判刑人、被判刑的怀孕妇女和子女养在改造机构婴儿室的被判刑妇女，可以额外接收包裹和转交物品，数量和品名根据医疗诊断书确定。

3. 被判刑人根据医疗诊断书接收的寄送药品和医疗用品的包裹、转交物品和印刷邮件，不计入本法典第121条、第123条、第125条、第131条和第133条规定的包裹、转交物品和印刷邮件的数量。上述物品应寄送到改造机构的医务部门作为医治有关被判刑人之用。

4. 包裹、转交物品和印刷邮件应进行检查。

5. 被判刑人接收包裹、转交物品和印刷邮件的程序和对它们进行检查的程序，由俄罗斯联邦内务部规定。

6. 经改造机构行政的许可，被判刑人可以交寄包裹和印刷邮件。

第91条　被判处剥夺自由的人的通信、汇款

1. 准许被判处剥夺自由的人用自己的钱收、发信件和电报，数量不受限制。

2. 被判刑人收、发的信件应进行检查。

3. 关押在改造机构的被判刑人之间，如果他们没有亲属关系，须经改造机构行政的准许，方可进行通信。

4. 被判刑人有权接收汇款，也可以给近亲属汇款，而经改造机构行政的准许，还可以给其他人汇款。

第92条　被判处剥夺自由的人通电话

1. 被判处剥夺自由的人有权每年打4次电话，每次15分

钟。电话费由被判刑人用自己的钱支付。在没有打电话的技术设备时，可以用短期探视代替打电话。

2. 根据被判刑人的请求，可以准许他们在到达改造机构后以及在个人特殊情况下额外打电话。

3. 对于在严格服刑条件下服刑的被判刑人，以及作为处罚被关押在处罚隔离室、纪律处罚隔离室、牢房型监舍、统一牢房型监舍和单人牢房的被判刑人，只有在个人特殊情况下才准许打电话。

4. 关押在改造机构的被判刑人之间禁止打电话。

5. 被判刑人打电话由改造机构的工作人员进行监督。

第93条　被判处剥夺自由的人的放风

1. 在上锁的监舍、处罚隔离室、纪律处罚隔离室、牢房型监舍、统一牢房型监舍、公共牢房和单人牢房服剥夺自由刑的被判刑人，如果他们不在露天参加劳动，有权获得放风，时间长短由本法典第118条、第121条、第123条、第125条、第127条和第131条规定。

2. 被判刑人的放风白天在改造机构区域内有专门设备的部分进行。如被判刑人违反《劳动改造内部规章》，放风可以提前结束。

第94条　被判处剥夺自由的人看电影电视和收听广播

1. 给被判处剥夺自由的人（在监狱服刑的人除外），以及被移送到处罚隔离室、牢房型监舍、统一牢房型监舍和单人牢房的被判刑人，至少每周放1次电影。

2. 除作息制度规定为夜间休息的时间外，准许被判刑人在工余时间看电视，但被移送到处罚隔离室、牢房型监舍、统一牢房型监舍和单人牢房的被判刑人除外。

3. 被判刑人个人和若干被判刑人一起，可以用自己的金钱通过商业网点购买电视机和收音机，或者从其亲属或其他人那里接收电视机和收音机。

4. 准许被判刑人在工余时间收听广播，但作息制度规定为夜间休息的时间除外。在被判刑人的住房、教育工作室、休息室、工作场所、处罚隔离室、牢房型监舍、统一牢房型监舍和单人牢房中，应使用改造机构的资金安装收音机。

第95条　被判处剥夺自由的人购买和保存书刊和文具

1. 准许被判处剥夺自由的人在包裹、转交物品和印刷邮件中接收文具，通过商业网点购买书刊，以及不受限制地用自己的钱订阅报纸和杂志。

2. 禁止被判刑人接收、购买、保存和传播宣传战争、煽动民族仇恨和宗教仇恨、崇尚暴力或残忍的出版物和淫秽性质的出版物，以及禁止订阅这类出版物。

3. 寄送通过商业网点购买的书刊的包裹和印刷邮件，不计入被判刑人有权接收的包裹和印刷邮件的数量。

4. 准许被判刑人在身边最多保存10册书和杂志。

5. 超过本条第4款规定数量的书刊，被判刑人应交付保管，或者经被判刑人的同意交给改造机构的图书室使用。

第96条　被判处剥夺自由的人在无人押解或无人随行
　　　　　情况下往来的条件和程序

1. 对表现良好、在改造营和教养营服剥夺自由刑的被判刑人，以及留在侦查羁押所和监狱从事庶务性工作的被判刑人，如果出于他们所完成工作性质之必需，可以准许在改造机构范围以外在无人押解或无人随行的情况下往来。

2. 不准许下列被判刑人在无人押解或无人随行的情况下在改造机构范围以外往来：特别危险的累犯；被判处死刑获特赦而被改判剥夺自由的人；被判处终身剥夺自由的人；在该改造机构中服刑时间不满 6 个月的被判刑人；处罚尚未撤销或未消灭的被判刑人；因实施特别严重的犯罪而被判刑的人；在严格条件下服刑的被判刑人；因在服刑期间实施的故意犯罪而被判刑的人；患有开放性结核病的被判刑人；未做完治疗花柳病、酒精中毒、戒除药瘾和戒除毒瘾的全部疗程的被判刑人；已感染艾滋病病毒的被判刑人；患有不排除刑事责任能力的精神病的被判刑人。

3. 被判刑人在无人押解或无人随行情况下在改造机构范围以外往来的权利，由改造机构首长决定。

4. 对有权在无人押解或无人随行情况下往来的被判刑人，应该安排单独的住房。可以准许他们在改造机构范围以外的宿舍居住，但必须是在改造机构会同地方自治机关规定的区域之内。

5. 享有在无人押解或无人随行情况下在改造机构范围以外往来权利的被判刑人的行为，由《改造机构内部规章》调整。

6. 如果被判刑人违反《改造机构内部规章》，或者被判刑人所从事工作的性质发生变化，由改造机构的首长作出决定，撤销在无人押解或无人随行情况下往来的权利。

第 97 条　被判处剥夺自由的人离开改造机构外出

1. 对关押在改造营和教养营的被判处剥夺自由的人，以及按规定程序留在侦查羁押所和监狱从事庶务性工作的被判刑人，可以准许在下列情况下离开改造机构外出：

（1）因个人特殊情况（近亲属死亡或罹患危及生命的疾病；自然灾害给被判刑人或其家庭造成重大物质损失），以及为了事先解决被判刑人释放后的劳动安置和生活安置问题的短期外出，时间为 7 昼夜以下，往返路途所必需的时间不计算在内；

（2）每年带薪休假期间的长期外出，而对于本法典第 103 条第 2 款所规定的被判刑人，或者由于非本人的原因而没有工作保障的被判刑人，长期外出的期限等于每年带薪休假的时间。

2. 对有子女养在改造营婴儿室的被判刑妇女，可以准许为了将子女安置到亲属处或儿童保育院抚养而离开改造机构短期外出，时间为 7 昼夜以下，往返路途必需的时间不计算在内；而对在改造营之外有未成年残疾子女的被判刑妇女，可以准许每年一次短期外出同子女会面，期限同前。

3. 下列被判刑人，不准许根据本条第 1 款和第 2 款规定的理由离开改造机构外出：特别危险的累犯；被判处死刑获特赦而被改判剥夺自由的人；被判处终身剥夺自由的人；患有开放性结核病的被判刑人；未做完治疗花柳病、酒精中毒、戒除药瘾和戒除毒瘾的全部疗程的被判刑人；已感染艾滋病病毒的被判刑人；患有不排除刑事责任能力的精神病的被判刑人。在实施防疫措施的情况下亦不准许被判刑人外出。

4. 对患有不排除刑事责任能力的精神病的被判刑人，一等或二等残废和因身体状况需要他人护理的被判刑人，以及未成年被判刑人，准许在亲属或其他陪同人员随行的情况下离开改造机构外出。

5. 对被判刑人关于因个人特殊情况要求离开改造机构短期外出的申请，应该在一昼夜以内予以审议。

6. 改造机构的首长根据被判刑人所实施犯罪的性质和严重程度、已服过的刑期、被判刑人的个人身份和表现，发给离开改造机构外出的许可证。

7. 被判刑人离开改造机构外出的时间计入服刑期。

8. 被判刑人离开改造机构外出的费用由本人用自己的钱支付或由其他人负担。被判刑人离开改造机构短期外出期间不发给工资。

9. 在发生未预料到的情况致使被判刑人不能在规定期限内返回时，根据被判刑人居留地的内务机关首长的决定，可以将返回改造机构的期限延长 5 昼夜以下，同时必须立即将此情况通知改造机构的行政。

10. 准许被判刑人离开剥夺自由场所外出的程序由《改造机构内部规章》规定。

11. 如果被判刑人逃避在规定期限内返回改造机构，被判刑人居留地的内务机关经检察长批准后，应将被判刑人拘捕并拘留 30 昼夜以下，以便解决是将被判刑人押解到服刑场所还是追究刑事责任的问题。

12. 在同有关国家签订的协议规定的情况下和依照这种协议规定的程序，准许被判刑人出国。

第98条　被判处剥夺自由的人的国家强制社会保险和赡养保障

1. 被判处剥夺自由的人，被吸收参加劳动的，应进行国家强制社会保险，而被判刑的妇女，保障按照一般根据享有怀孕和生育补助费。

2. 被判刑人在年老、残废、丧失供养人时，以及在俄罗斯联邦立法规定的其他情况下，有权按照一般根据获得国家的赡养保障。

3. 被判刑人赡养金的给付由改造机构所在地的居民社会保护机关通过将赡养金划入被判刑人个人账户的办法进行。

4. 在服剥夺自由刑期间丧失劳动能力的被判刑人，有权依照俄罗斯联邦立法规定的情况和程序获得损害赔偿。

5. 从被判刑人的赡养金中应进行扣款。从赡养金中扣款的根据、种类和程序由本法典第107条规定。

6. 对于在改造机构服剥夺自由刑的被判刑人，自愿医疗保险的效力中止，直到在改造机构服刑的期限届满。

第99条　被判处剥夺自由的人的物质生活保障

1. 被判刑处剥夺自由的人的人均居住面积标准为：在改造营——不得少于2平方米；在监狱——不得少于2.5平方米；在被判刑妇女服刑的改造营——不得少于3平方米；在教养营——不得少于3.5平方米；在医疗性改造机构——不得少于3平方米；在刑事执行系统的医疗预防机构——不得少于5平方米。

2. 对被判刑人提供个人床位和卧具。根据性别和气候条件保障被判刑人的应季衣物供应。

3. 被判刑人的最低伙食标准和物质生活保障标准由俄罗斯联邦政府规定。如果由吸收被判刑人参加劳动的企业负担费用，则可以超过标准组织被判刑人的额外伙食供应。被判刑人的被服供应标准由俄罗斯联邦内务部批准。对由于非本人原因而不工作的被判刑人，不领取赡养金的被判刑人，由国家负担费用保障其伙食和生活必需品供应。

4. 领工资的被判刑人和领取赡养金的被判刑人，应补偿伙食费、衣服费和生活服务费，但专门饮食和专门衣服费用除外。对逃避劳动的被判刑人，上述费用从其个人账户的资金中扣除。伙食、衣服和生活服务的费用每月按当月的实际开支进行补偿。

5. 因疾病被免除劳动的被判刑人，被判刑的孕妇和被判刑的妇女，在免除劳动期间的伙食免费。对关押在教养营的被判刑人，以及一等或二等残废的被判刑人，伙食和衣服均免费提供。

6. 对被判刑的孕妇、被判刑的哺乳期母亲、未成年被判刑人，以及患病的被判刑人和一等或二等残废的被判刑人，应创造较好的居住生活条件并规定较高的伙食标准。

7. 在本法典第 88 条、第 121 条、第 123 条、第 125 条、第 131 条和第 133 条规定的准许用于购买食品和生活必需品的数额之外，被判刑人可以用自己的钱额外购买准许在改造机构中使用的衣服，其中包括运动服，支付额外的医疗防治服务费和其他根据其本人愿望提供的，《改造机构内部规章》规定的服务的费用。

第100条　被判刑的孕妇、被判刑的哺乳期母亲和被判刑的有子女妇女物质生活保障的特点

1. 在有子女的被判刑妇女服刑的改造机构中可以设立婴儿室。改造机构的婴儿室保障具备儿童正常生活和发育的条件。被判刑妇女可以将自己3岁以下的子女安置到改造机构的婴儿室，在劳动之余不受限制地同子女交往。可以准许被判刑妇女与子女一起居住。

2. 经被判刑妇女本人的同意，其子女可以交给亲属抚养，或者根据监护和保护机关的决定交给其他人抚养，或者在子女年满3岁以后送往相应的儿童保育机构。

3. 如果养育在改造机构的子女年满3岁，而其母亲离服刑期满已不超过一年，改造机构的行政可以延长子女在婴儿室的时间，直至其母亲服满整个刑期。

4. 被判刑的孕妇和被判刑的哺乳期母亲，可以额外接受食品包裹和转交物品，数量和品名由医疗诊断书规定。被判刑的孕妇和被判刑妇女在生育时和产后有权获得专门帮助。

第101条　被判处剥夺自由的人的医疗卫生保障

1. 依照《改造机构内部规章》和俄罗斯联邦立法的规定组织和提供对被判处剥夺自由的人的医疗预防和卫生预防。

2. 在刑事执行系统中，为了对被判刑人提供医疗服务，组建医疗预防机构（医院、专门的精神病医院和结核病医院；医疗科）以及为了关押和对患有开放性结核病、酒精中毒和吸毒成瘾的被判刑人和感染艾滋病病毒的被判刑人进行门诊治疗而建立医疗性改造机构。

3. 改造机构的行政对保障被判刑人健康保护的卫生防疫要求的执行承担责任。

4. 在被判刑人拒绝进食和发生对其生命的威胁时，允许根据医嘱对被判刑人实行强制营养措施。

5. 对被判刑人提供医疗帮助、组织和进行卫生监督、使用卫生机关的医疗预防和卫生预防机构的程序以及为此目的吸收上述机构医务人员参加工作的程序，由俄罗斯联邦立法、俄罗斯联邦内务部和俄罗斯联邦卫生部的规范性法律文件规定。

第102条　被判处剥夺自由的人的物质责任

1. 被判处剥夺自由的人在服刑期间对国家或自然人和法人造成物质损失时，应按照下列办法承担物质责任：

对被判刑人在执行劳动义务时造成的损失——依照俄罗斯联邦劳动立法规定的数额；

对被判刑人的其他行为所造成的损失——依照俄罗斯联邦民事立法规定的数额。

2. 被判刑人应该赔偿对改造机构所造成的损失，以及赔偿与制止被判刑人脱逃有关的额外费用和在被判刑人故意损害自己身体时进行治疗的额外费用。

3. 如果为补偿被判刑人所造成物质损失的扣款不正确，则应将不正确扣款的部分返还被判刑人并划入其个人账户。

第十四章　被判处剥夺自由的人的劳动、职业教育和职业培训

第103条　吸收被判处剥夺自由的人参加劳动

1. 每一个被判处剥夺自由的人均应在改造机构行政规定的场所从事所规定的劳动。改造机构的行政应考虑被判刑人的性别、年龄、劳动能力、健康状况，并尽可能考虑他们的专业，吸收他们参加有益于社会的劳动。在保障对被判刑人实行应有的看守与隔离的条件下，吸收被判刑人在改造机构的企业、国有企业或其他所有制形式的企业参加劳动。

2. 60岁以上的被判刑男子和55岁以上的被判刑妇女，以及一等和二等残废的被判刑人，依照俄罗斯联邦劳动立法和俄罗斯联邦残疾人社会保护立法的规定，按照他们的意愿参加劳动。未成年的被判刑人依照俄罗斯联邦劳动立法的规定参加劳动。

3. 对于依照本法典第74条第7款的规定在监狱服剥夺自由刑的被判刑人，只能在监狱区域内组织他们劳动。

4. 禁止使用被判刑人劳动的工作的清单，由《改造机构内部规章》规定。

5. 被判刑人的生产活动不得妨碍改造机构的基本任务——改造被判刑人。

6. 禁止被判刑人为了解决劳动冲突而终止工作。拒绝工作或终止工作是恶意违反服刑程序的行为，对之可以适用处罚措施和追究物质责任。

第 104 条　被判处剥夺自由的人的劳动条件

1. 被判处剥夺自由的人的劳动时间、劳动保护规则、安全和生产卫生的技术规则依照俄罗斯联邦劳动立法规定。开始工作和结束工作的时间（一个班的时间），根据改造机构与被判刑人劳动所在企业的行政协商后确定的轮班表规定。

2. 考虑到关押在改造机构和监狱的被判刑人所完成工作的性质，允许工作时间累计计算。

3. 被判刑人被吸收参加有工资的劳动的时间计入一般工龄。改造机构的行政负责根据日历年度总结统计被判刑人已工作了多长时间。如果被判刑人多次逃避完成工作，相应的时间应根据改造机构行政的决定从被判刑人的一般工龄中扣除。对于改造机构行政的决议不服的，被判刑人可以向法院提出申诉。

4. 参加工作的被判刑人有权获得每年带薪的休假：在教养营服刑剥夺自由刑的人为 18 个工作日，在其他改造机构服剥夺自由刑的人为 12 个工作日。在给予上述休假时可依照本法典第 97 条的规定准予离开改造机构的范围外出或者不准予外出。被判刑人关押在牢房型监舍、统一牢房型监舍和单人牢房中的时间，不计入提供每年带薪休假所必需的期限。

5. 对在繁重条件下，以及在有害条件下或危险条件下，在位于极北地区和与之相当地区的企业工作，超额完成生产定额或模范完成规定任务的被判刑人，或者按照本人意愿工作的一等和二等残废的被判刑人、60 岁以上的被判刑男子和 55 岁以上的被判刑妇女，每年的带薪休假可以增加到 18 个工作日，而对未成年被判刑人可以增加到 24 个工作日。

第 105 条　被判处剥夺自由的人的劳动报酬

1. 被判处剥夺自由的人有依照俄罗斯联邦劳动立法取得劳动报酬的权利。

2. 给被判刑人的劳动报酬，如果他们完全做满一个月的规定劳动时间定额并完成为他们所规定的工作定额，不得低于法定最低劳动报酬。

3. 在实行不完全工作日或不完全工作周的情况下，给被判刑人的劳动报酬按其工作时间的长短或按其完成的工作按比例发给。

第 106 条　吸收被判处剥夺自由的人参加没有报酬的劳动

1. 被判处剥夺自由的人可以被吸收参加没有报酬的劳动，但只能是为了改造机构及其毗邻区域设施的改善。

2. 一等或二等残废的被判刑人、被判刑的 60 岁以上的男子和 55 岁以上的妇女、被判刑的孕妇，可以根据本人的意愿被吸收参加没有报酬的劳动。

3. 应在被判刑人的工余时间轮流吸收他们参加上述工作，每周的时间不得超过两小时。按照被判刑人本人的意愿，工作时间可以增加。

第 107 条　从被判处剥夺自由的人的工资和其他收入中扣款

1. 从被判处剥夺自由的人的工资、赡养金和其他收入中应依照本法典第 99 条第 4 款的规定进行扣款，以补偿其生活费开支。

2. 补偿被判刑人的生活费的扣款应在扣除赡养费、所得税、俄罗斯联邦赡养基金扣款以及其他必须扣除的款项之后进行。根据执行票或其他执行文书的扣款则依照俄罗斯联邦民事诉讼立法规定的程序从剩余金额中进行。

3. 在改造机构，无论全部扣款的数额是多少，记入被判刑人个人账户的不得少于其工资、赡养金或其他收入总额的 25%。而对 60 岁以上的被判刑男子和 55 岁以上的被判刑妇女，一等或二等残废的被判刑人，未成年被判刑人，被判刑的怀孕妇女，有子女养在改造机构婴儿室的被判刑妇女，则记入他们个人账户上的不得少于其工资、赡养金和其他收入总额的 50%。

第 108 条　被判处剥夺自由的人的职业教育与职业培训

1. 对于那些不具备在改造机构内和从改造机构释放后从事劳动的职业（专业）的被判刑人，应在改造机构内组织强制性初等职业教育或职业培训。

2. 一等或二等残废的被判刑人、被判刑的 60 岁以上的男子和 55 岁以上的妇女，可以根据他们本人的意愿，接受相应的职业培训。

3. 在评定被判刑人得到改造的程度时，要考虑他们接受初等职业教育和职业培训的态度。

4. 被判刑人的初等职业教育和职业培训依照俄罗斯联邦内务部会同俄罗斯联邦教育部规定的程序进行。

5. 服终身剥夺自由刑的被判刑人的职业培训直接在生产中进行。

第十五章 对被判处剥夺自由的人的教育感化

第109条 对被判处剥夺自由的人的教育工作

1. 对被判处剥夺自由的人进行教育工作的目的在于对他们进行改造，培养被判刑人尊重人，尊重社会，尊重劳动，尊重人类公共生活的准则、规则和传统，在于提高他们的教育程度和文化程度。

2. 在评定被判刑人得到改造的程度时，以及在对他们适用奖励措施和处罚措施时，要考虑他们参加教育活动的情况。

3. 改造机构的每日规程可以规定被判刑人必须参加哪些教育活动。

4. 被判刑人教育工作的进行应考虑被判刑人个人身份和性格的个别性特点和他们所实施犯罪的情节。

第110条 对被判处剥夺自由的人进行教育工作的基本形式和方法

1. 在改造机构中，对被判处剥夺自由的人进行有助于他们改造的道德教育、法制教育、劳动教育、体育和其他教育。

2. 对被判刑人的教育工作，要考虑到改造机构的种类、刑期、关押条件，根据心理教育方法，采取个别形式、小组形式和群众形式有区别地进行。

3. 为了组织对被判刑人的教育工作，改造机构中应依照俄罗斯联邦政府批准的标准建立物质技术设施。

第111条　被判处剥夺自由的人的业余组织

1. 在改造机构中成立被判处剥夺自由的人的业余组织，这些组织在改造机构行政的监督下进行工作。

2. 鼓励被判刑人参加业余组织的工作，并在评定其得到改造的程度时考虑参加的情况。

3. 被判刑人业余组织的基本任务是：在被判刑人的精神修养、职业水平和身体发展方面给予帮助；发扬被判刑人有益的主动精神；对被判刑人的改造给予积极的影响；参与解决被判刑人劳动、日常生活和闲暇的组织问题；协助改造机构的行政维持纪律和秩序以及形成被判刑人之间的健康关系；对被判刑人及其家属提供社会帮助。被判刑人的业余组织还可以具有不与服刑的宗旨、程序和条件相抵触的其他任务。

4. 被判刑人业余组织的成员不享有额外的优待。被判刑人的业余组织及其成员不得享有改造机构行政的权能。

5. 被判刑人业余组织的成立办法和活动程序由俄罗斯联邦内务部规定。

6. 在改造机构中，由表现良好的被判刑人组成改造机构集体委员会。改造机构中还可以成立被判刑人的其他业余组织，只要它们活动的宗旨是为了解决本条第3款所规定的任务。

7. 在监狱里，以及关押在牢房型监舍、统一牢房型监舍的被判刑人中，不得成立业余组织。

第112条　被判处剥夺自由的人的普通教育

1. 在改造机构中，组织不满30岁的被判刑人接受强制基础普通教育。对于为了获得中等（完全）普通教育而希望继续学习的被判刑人，改造机构的行政和有关地方自治机关应创造必要的条件。

2. 超过 30 岁的被判刑人和一等或二等残废的被判刑人，根据他们本人的意愿接受基础普通教育或中等（完全）普通教育。

3. 为了参加考试，参加学习的被判刑人依照俄罗斯联邦劳动立法免除工作。

4. 鼓励被判刑人接受基础普通教育和中等（完全）普通教育，并在评定他们得到改造的程度时考虑接受教育的情况。

5. 刑事执行系统教育机构的教育人员协助改造机构对被判刑人进行教育工作。

6. 不吸收服终身剥夺自由刑的被判刑人接受普通教育。对他们应创造条件，进行不与服刑条件和程序相抵触的自学。

7. 被判刑人接受基础普通教育和中等（完全）普通教育的组织，刑事执行系统的教育机构（学校和教学辅导站）的成立、改建和撤销，依照俄罗斯联邦内务部会同俄罗斯联邦普通教育与职业教育部批准的程序进行。

第 113 条　对被判处剥夺自由的人适用的奖励措施

1. 对表现良好，认真对待劳动、学习，积极参加被判刑人业余组织的活动和教育活动的被判处剥夺自由的人，可以适用下列奖励措施：

（1）表扬；

（2）发给奖品；

（3）发给奖金；

（4）准许额外接收包裹或转交物品；

（5）准许额外增加打电话的次数；

（6）准许额外接受短期探视和长期探视；

（7）准许在最低劳动报酬 1/4 的限度内额外花钱购买食品和生活必需品；

（8）对关押在改造营的严格服刑条件下的被判刑人，关押在牢房型监舍、统一牢房型监舍和监狱的被判刑人，将一个月内的放风时间增加到每天 2 小时；

（9）提前撤销以前所受的处罚。

2. 对于正在改造村服刑的被判刑人，可以适用准予在改造村之外度过节假日的奖励措施。

3. 对表现良好的被判刑人，还可以适用本法典第 78 条第 2 款和第 87 条规定的奖励措施。

4. 对于不需要服满法院所判处的刑罚即可得到改造的被判刑人，可以提请假释；根据被判刑人的行为还可以提请将未服完的部分刑罚改判较轻的刑罚。

5. 对于表现良好的被判刑人，可以提请特赦。

第 114 条　对被判处剥夺自由的人适用奖励措施的程序

1. 表扬可以用口头形式或书面形式宣布，其余的奖励只能用书面形式公布。

2. 作为奖励，准许被判刑人在一年内额外接收包裹或转交物品的次数为 4 次以下，准许额外接受短期探视和长期探视为 4 次以下。

3. 对于本法典第 115 条第 1 款第（1）项和第（2）项规定的处罚，至少在自受处罚之日起的 3 个月后才能提前撤销，而对于本法典第 115 条第 1 款第（3）项、第（4）项、第（5）项和第（6）项规定的处罚，至少在接受处罚之日起的 6 个月后才能提前撤销。

第 115 条 对被判处剥夺自由的人适用的处罚措施

1. 如被判处剥夺自由的人违反规定的服刑程序，可以对他们适用下列处罚措施：

（1）警告；

（2）数额为最低劳动改造报酬 2 倍以下的纪律罚金；

（3）将关押在改造营或监狱的被判刑人关入处罚隔离室 15 昼夜以下；

（4）对恶意违反服刑程序的被判刑男子，如在普通管束制度和严格管束制度的改造营服刑的，应移送到牢房型监舍关押，而在特别管束制度的改造营服刑的，则移送到单人牢房关押，时间为 6 个月以下；

（5）将恶意违反服刑程序的男性被判刑人移送到统一的牢房型监舍关押，时间为 1 年以下；

（6）将恶意违反服刑程序的女性被判刑人移送到牢房型监舍关押，时间为 3 个月以下。

2. 对正在改造村服剥夺自由刑的被判刑人，可以适用取消在宿舍外居住的权利、禁止在工余时间离开宿舍外出等处罚，时间为 30 天以下。

3. 对正在改造村服剥夺自由刑的被判刑人，不适用本条第 1 款第（4）项、第（5）项、第（6）项规定的处罚。

4. 对恶意违反服刑程序的被判刑人，还可以适用本法典第 78 条第 4 款和第 87 条第 3 款规定的措施。

第 116 条 被判处剥夺自由的人对服刑程序的恶意违反

1. 被判处剥夺自由的人恶意违反服刑程序是指：吸毒；轻

微流氓行为；威胁、不服从或者侮辱改造机构行政的代表；男女同性性行为；组织以及积极参与罢工或其他团伙性不服从改造的行动；组织或积极参与旨在实施上述违法行为的被判刑人团伙。

2. 在一年中再次违反服刑程序，如果被判刑人因每次违反服刑程序的行为均受到移送到处罚隔离室关押的处罚，也可以认为是恶意违反。

3. 被判刑人实施本条第 1 款和第 2 款所规定的违法行为的，如受到本法典第 115 条第 1 款第(3)项、第(4)项、第(5)项和第(6)项所规定的处罚措施，被认为是恶意违反服刑程序。

4. 被判刑人恶意违反服刑程序，由改造机构的首长裁决认定，并同时给予处罚。

第 117 条 对被判处剥夺自由的人适用处罚措施的程序

1. 在对被判处剥夺自由的人适用处罚措施时，应考虑实施违法行为的情节，被判刑人的个人身份和他此前的表现。处罚应与违法行为的严重程度和性质相当。进行处罚的时间不得迟于发现违法行为之日起的 10 昼夜。如因违法行为要进行检验，则在检验结束之日起的 10 日内进行处罚，但不得迟于违法行为实施之日起的 3 个月。处罚应立即执行，而在特殊情况下，最迟在决定处罚之日起的 30 日内执行。禁止因一个违法行为数次进行处罚。

2. 警告用口头形式或书面形式宣布，其余的处罚只能用书面形式公布。处罚根据改造机构的首长或代替首长的人的裁决进行。

3. 纪律罚金只能对本法典第 116 条第 1 款所列违反服刑程

序的行为适用。所处的纪律罚金应划拨作为联邦预算。

4. 将被判刑人移送到牢房型监舍、统一牢房型监舍和单人牢房关押的同时应指明在其中关押的期限。

5. 对于移送到牢房型监舍关押的被判刑人，可以适用除移送到牢房型监舍关押之外的一切处罚。

6. 对移送到统一牢房型监舍关押的被判刑人，可以适用除移送牢房型监舍、统一牢房型监舍关押以外的一切处罚。

7. 有哺乳期婴儿养在改造机构婴儿室的被判刑妇女，和因怀孕和生育而被免予劳动的被判刑妇女，不得移送到处罚隔离室和牢房型监舍关押。

8. 如果被判刑人在执行完纪律处罚之日起的 1 年内没有再受处罚，则认为被判刑人未受过处罚。

第 118 条 被判处剥夺自由的人在处罚隔离室、牢房型监舍、统一牢房型监舍和单人牢房的关押条件

1. 被关押在处罚隔离室的被判处剥夺自由的人，禁止接受探视、打电话、购买食品，禁止接收包裹、转交物品和印刷邮件。他们有权享有每天 1 小时的放风。

2. 作为处罚而被移送到牢房型监舍、统一牢房型监舍和单人牢房的被判刑人有权：

（1）每月花费在服剥夺自由刑期间挣得的，数额为法定最低劳动报酬50%的金钱用于购买食品和生活必需品；

（2）6 个月内接收 1 个包裹或者转交物品和 1 次印刷邮件；

（3）享有每天一个半小时的放风；

（4）经改造机构行政的准许，在 6 个月内接受一次短期探视。

3. 被关押在处罚隔离室和被移送到牢房型监舍或单人牢房的被判刑人，与其他被判刑人分开劳动。

4. 在处罚隔离室、牢房型监舍、统一牢房型监舍或单人牢房关押期间，不劳动的被判刑人的伙食按降低的标准供应。根据医疗证明，对这些被判刑人也可以按一般标准供应伙食。

5. 被判刑人从处罚隔离室、牢房型监舍、统一牢房型监舍和单人牢房移送到刑事执行系统的医疗预防机构时，在上述医疗机构的时间计入服刑期。

第119条　对被判处剥夺自由的人适用奖励措施和处罚措施的改造机构公职人员

1. 改造机构的首长和代替首长的人员享有全权适用本法典第113条和第115条所列各项奖励措施和处罚措施。

2. 改造队长有权适用以下各项奖励措施：

（1）表扬；

（2）准许额外花钱购买食品和生活必需品；

（3）提前解除队长以前给予的处罚。

3. 改造队长有给予口头警告的权利。

第十六章　剥夺自由刑在不同种类改造机构的执行

第120条　普通管束制度的改造营

1. 在普通管束制度的改造营中的普通服刑条件下服剥夺自由刑的是：被判处在该改造机构服刑的被判刑人，以及从宽松服刑条件下和严格服刑条件下移转来的被判刑人。

2. 被判刑人未因违反服刑程序受到处罚并且认真对待劳动

的，在普通服刑条件下服满不少于 6 个月刑期之后，可以移转到宽松服刑条件下服刑。

3. 在普通服刑条件下服刑的被判刑人，如被认定为恶意违反服刑程序，应被移转到严格服刑条件下服刑。

4. 在宽松服刑条件下服刑的被判刑人，如被认定为恶意违反服刑程序，应被移转到普通服刑条件或者严格服刑条件下服刑。

5. 至少 6 个月未因为违反服刑程序而受处罚时，才能从严格服刑条件下移转到普通服刑条件下服刑。

6. 从严格服刑条件下再次移转到普通服刑条件下或者从普通服刑条件下再次移转到宽松服刑条件下，应依照本条第 2 款和第 5 款规定的程序进行。

7. 从另一普通管束制度的改造营移送来的被判刑人，应在与移送前为他们规定的相同的服刑条件下服刑。

第 121 条　在普通管束制度的改造营服剥夺自由刑的条件

1. 被判处剥夺自由的人在普通管束制度的改造营中普通服刑条件下服刑的，在宿舍居住。准许他们：

（1）每月花费其个人账户上的，数额为法定最低劳动报酬 50% 的金钱用于购买食品和生活必需品；

（2）一年中接受 4 次短期探视和 4 次长期探视；

（3）一年中接收 6 个包裹或转交物品和 6 个印刷邮件。

2. 在宽松条件下服刑的被判刑人在宿舍居住。准许他们：

（1）每月花费其个人账户上的，数额为法定最低劳动报酬的金钱用于购买食品和生活必需品；

（2）一年中接受 6 次短期探视和 6 次长期探视；

（3）一年中接收 12 个包裹或转交物品和 12 个印刷邮件。

3. 对于在宽松条件下服刑的被判刑人，为了顺利地适应社会，可以根据改造机构首长的裁决在刑满前 6 个月解除羁押。在这种情况下，准许被判刑人在改造机构行政的监督下在改造营范围之外居住和工作。他们可以与享有无人押解或无人随行往来权的被判刑人共同居住。

4. 在严格服刑条件下服刑的被判刑人，住在上锁的监舍内。准许他们：

（1）每月花费在服剥夺自由刑期间所挣得的钱购买食品和生活必需品；

（2）一年中接受 2 次短期探视和 2 次长期探视；

（3）一年中接收 3 个包裹或转交物品和 3 次印刷邮件；

（4）享有每天一个半小时的放风。

第 122 条　严格管束制度的改造营

1. 在严格管束制度的改造营中的普通服刑条件下服刑的是：被判处在该改造机构服刑的被判处剥夺自由的人，但在服剥夺自由刑期间实施故意犯罪而被判刑的人除外，以及从宽松服刑条件下和严格服刑条件下移转来的被判刑人。

2. 被判刑人未因违反服刑程序受到处罚并且认真对待劳动的，在普通服刑条件下服满不少于 6 个月刑期之后，可以移转到宽松服刑条件下服刑。

3. 在普通服刑条件下服刑的被判刑人，如被认定为恶意违反服刑程序，应被移转到严格服刑条件下服刑。

4. 在宽松服刑条件下服刑的被判刑人，如被认定为恶意违反服刑程序，应被移送到普通服刑条件或者严格服刑条件下服刑。

5. 在服剥夺自由刑期间实施故意犯罪而被判刑的人在到达严格管束制度的改造营后，也在严格服刑条件下关押。

6. 至少9个月未因为违反服刑程序而受处罚时，才能从严格服刑条件下移转到普通服刑条件下服刑。

7. 从严格服刑条件下再次移转到普通服刑条件下或者从普通服刑条件下再次移转到宽松服刑条件下，应依照本条第2款和第6款规定的程序进行。

8. 从另一严格管束制度的改造营移送来的被判刑人，应在与移送前为他们规定的相同的服刑条件下服刑。

第123条　在严格管束制度的改造营服剥夺自由刑的条件

1. 被判处剥夺自由的人在严格管束制度的改造营中普通服刑条件下服刑的，在宿舍居住。准许他们：

（1）每月花费其个人账户上的，数额为法定最低劳动报酬40%的金钱用于购买食品和生活必需品；

（2）一年中接受3次短期探视和3次长期探视；

（3）一年中接收4个包裹或转交物品和4个印刷邮件。

2. 在宽松服刑条件下服刑的被判刑人在宿舍居住。准许他们：

（1）每月花费其个人账户上的，数额为法定最低劳动报酬80%的金钱用于购买食品和生活必需品；

（2）一年中接受4次短期探视和4次长期探视；

（3）一年中接收6个包裹或转交物品和6个印刷邮件。

3. 在严格服刑条件下服刑的被判刑人，住在上锁的监舍内。准许他们：

（1）每月花费在服剥夺自由刑期间所挣得的钱购买食品和生活必需品；

（2）一年中接受 2 次短期探视和 1 次长期探视；

（3）一年中接收 2 个包裹或转交物品和 2 个印刷邮件；

（4）享有每天一个半小时的放风。

第 124 条　特别管束制度的改造营

1. 在特别管束制度的改造营中的普通服刑条件下服刑的是：被判处在该改造机构服刑的被判处剥夺自由的人，但在服剥夺自由刑期间实施故意犯罪而被判刑的人和实施严重犯罪和特别严重犯罪而被判刑的人除外；以及从宽松服刑条件下和严格服刑条件下移转来的被判刑人。

2. 被判刑人未因违反服刑程序受到处罚并且认真对待劳动的，在普通服刑条件下服满不少于一年刑期之后，可以移转到宽松服刑条件下服刑。

3. 在普通服刑条件下服刑的被判刑人，如被认定为恶意违反服刑程序，应被移转到严格服刑条件下服刑。

4. 在宽松服刑条件下服刑的被判刑人，如被认定为恶意违反服刑程序，应被移转到普通服刑条件或者严格服刑条件下服刑。

5. 在服剥夺自由刑期间实施故意犯罪而被判刑的人，以及因实施严重犯罪和特别严重的犯罪而被判刑的人，在到达特别管束制度的改造营后，也应在严格服刑条件下关押。

6. 至少 1 年未因为违反服刑程序而受处罚时，才能从严格服刑条件下移转到普通服刑条件下服刑。

7. 从严格服刑条件下再次移转至普通服刑条件下或者从普

通服刑条件下再次移转到宽松服刑条件下，应依照本条第 2 款和第 6 款规定的程序进行。

8. 从另一特别管束制度的改造营移送来的被判刑人，应在与移送前为他们规定的相同的服刑条件下服刑。

第 125 条　在特别管束制度的改造营服剥夺自由刑的条件

1. 被判处剥夺自由的人在特别管束制度的改造营中普通服刑条件下服刑的，在宿舍居住。准许他们：

（1）每月花费其个人账户上的，数额为法定最低劳动报酬 30% 的金钱用于购买食品和生活必需品；

（2）一年中接受 2 次短期探视和 2 次长期探视；

（3）一年中接收 3 个包裹或转交物品和 3 个印刷邮件。

2. 在宽松服刑条件下服刑的被判刑人在宿舍居住。准许他们：

（1）每月花费其个人账户上的，数额为法定最低劳动报酬 60% 的金钱用于购买食品和生活必需品；

（2）一年中接受 3 次短期探视和 3 次长期探视；

（3）一年中接收 4 个包裹或转交物品和 4 个印刷邮件。

3. 在严格服刑条件下服刑的被判刑人，住在牢房型监舍内。准许他们：

（1）每月花费在服剥夺自由刑期间所挣得的钱购买食品和生活必需品；

（2）一年中接受 2 次短期探视；

（3）一年中接收 1 个包裹或转交物品和 1 个印刷邮件；

（4）享有每天一个半小时的放风。

第126条　被判处终身剥夺自由的人服刑的特别管束制度的改造营

被判处终身剥夺自由的人，以及被判处死刑获特赦而被改判终身剥夺自由的人，在特别管束制度的改造营中与其他被判刑人分开服刑。

第127条　被判处终身剥夺自由的人在服刑的特别管束制度的改造营中服剥夺自由刑的条件

1. 被判处终身剥夺自由的人关押在牢房中，每间一般不超过两个人。根据被判刑人的请求和在其他必要情况下，在发生对被判刑人人身安全的威胁时，可以由改造机构首长决定将他们关押在单人牢房中。上述被判刑人劳动的组织应考虑被判刑人在牢房中进行关押的各项要求。

2. 被判刑人有权每天放风一个半小时。如被判刑人表现良好并且有可能时，放风的时间可以增加到2小时。

3. 所有被判刑人，在到达特别管束制度的改造营后，均应关押在严格服刑条件下。至少在严格条件下服刑满10年后，才能依照本法典第124条第6款规定的根据从严格服刑条件移转到普通服刑条件下服刑。

4. 在普通服刑条件下服刑满10年后，被判刑人可以依照本法典第124条第2款规定的根据移转到宽松服刑条件下服刑。

5. 在宽松服刑条件下服刑的被判刑人，如被认定为恶意违反服刑程序，应移转到普通服刑条件下或者严格服刑条件下服刑，而在普通条件下服刑的被判刑人被认定为恶意违反服刑程序的，则应移转到严格服刑条件下服刑。再次移转到普通服刑条件下或宽松服刑条件下，应根据本条第 3 款和第 4 款规定的程序进行。

6. 被判刑人在普通服刑条件、宽松服刑条件和严格服刑条件下服刑的程序中涉及花钱购买食品和生活必需品，接受探视的次数和种类，接收包裹、转交物品和印刷邮件的数量等的部分，由本法典第 125 条规定。

第 128 条　改造村

1. 在为因实施过失犯罪而被判刑的人设立的改造村服刑的是被判处 5 年以下剥夺自由的人；在为表现良好的被判刑人设立的改造村服刑的是依照本法典第 78 条规定的程序从普通管束制度和严格管束制度的改造营移送来的被判刑人。

2. 在上述两种改造村中被判刑人服剥夺自由刑的条件相同。

3. 在同一改造村可以关押被判刑男子和被判刑妇女。因参与共同犯罪而被判刑的人，一般应分开服剥夺自由刑。

第 129 条　在改造村服剥夺自由刑的条件

1. 在改造村，被判处剥夺自由的人：

（1）无人看守，但在改造村行政的监督下关押；从起床到就寝的时间里，有权在改造村范围内自由往来；如果因所完成工作性质或者因参加学习之必需，可以经改造村行政的准许后，在无人监督下离开改造村外出，但不得离开相应行政区域建制的范围；可以穿着一般平民衣服；可以随身保存金钱和贵重物品；花钱不受限制；接收包裹、转交物品、印刷邮件；可以不限次数地接受探视。

（2）一般居住在他们的专用宿舍里。如果被判刑人未违反服刑程序并且有家属，根据改造村首长的决定，可以准许他们与其家属一起在改造村内或村外的租赁房屋或自有房屋中居住。上述被判刑人必须到改造村进行登记，每月不超过 4 次。登记的具体次数由改造村首长的决议规定。被判刑人居住的房屋，改造村行政的代表在任何时间均可来访。

（3）持有证明被判刑人身份的规定格式的证件。被判刑人的身份证和其他个人证件在其个人卷宗中保存。

2. 禁止被判刑人将《改造机构内部规章》开列清单的物品和物质带入宿舍和在宿舍使用和存放。

3. 被判刑人的劳动由俄罗斯联邦劳动立法调整，但关于招工、解除工作和调动工作的规则除外。被判刑人工作的企业与改造村的行政协商后，可以将被判刑人调往其他工作，包括调到其他地区。

4. 准许被判刑人参加设立在相应行政区域内的高等和中等职业教育机构的函授学习。

第 130 条　监狱

1. 在监狱中关押的是：被判处 5 年以上剥夺自由并在监狱服部分刑期的人，以及因在普通管束制度、严格管束制度和特别管束制度的改造营中违反服刑程序而移送到监狱服刑 3 年以下的被判刑人。监狱中还可以关押依照本法典第 77 条规定的根据而被关押在那里的被判刑人。

2. 在监狱中规定有普通管束制度和严格管束制度。

3. 在严格管束制度下关押的是被判处在该改造机构服刑的被判刑人和从普通管束制度下移转来的被判刑人。

4. 在严格管束制度下不得关押被判刑的怀孕妇女和身边有

幼年子女的被判刑妇女，以及一等和二等残废的被判刑人。

5. 在严格管束制度下至少服完 1 年刑期后，被判刑人才可以移转到普通管束制度下服刑。

6. 在普通管束制度下服刑的被判刑人，如果被认定为恶意违反服刑程序，应移转到严格管束制度下服刑。再次移转到普通管束制度下可以依照本条第 5 款规定的程序进行。

第 131 条　在监狱服剥夺自由刑的条件

1. 被判处剥夺自由的人在监狱中应在上锁的公共牢房里关押。在必要情况下，可以根据监狱长说明理由的决定并经检察长同意将被判刑人关押在单人牢房。

2. 应遵守本法典第 80 条的要求将被判刑人分别安排在牢房关押。此外，普通管束制度和严格管束制度下的被判刑人应分别关押。与其他被判刑人隔离并且彼此分开关押的还有：从一个改造机构移送到另一个改造机构的被判刑人；留在监狱完成庶务性工作的被判刑人。

3. 关押在监狱的被判刑人在白天时间，在牢房在监狱范围内有专门设施的露天放风。在被判刑人违反内部规章时，放风可以提前结束。

4. 在普通管束制度下服刑的被判刑人准许：

（1）每月花费个人账户上的，数额为法定最低劳动报酬 40% 的钱用于购买食品和生活必需品；

（2）一年中接受 2 次短期探视和 2 次长期探视；

（3）一年中接收 2 个包裹或转交物品和 2 个印刷邮件；

（4）享有每天 1 个半小时的放风。

5. 在严格管束制度下服刑的被判刑人准许：

（1）每月花费个人账户上的，数额为法定最低劳动报酬20%的钱用于购买食品和生活必需品；

（2）一年中接受 2 次短期探视；

（3）一年中接收 1 个包裹和 1 个印刷邮件；

（4）享有每天 1 小时的放风。

第十七章　在教养营执行剥夺自由刑的特点

第 132 条　普通管束制度和加强管束制度的教养营

1. 在普通管束制度的教养营中规定有普通服刑条件、宽松服刑条件、优待服刑条件和严格服刑条件。

2. 在教养营中的普通服刑条件下服刑的是：被判处到教养营服刑的未成年被判刑人，但因在服刑期间所实施的故意犯罪而被判刑的未成年人除外；以及从宽松服刑条件、优待服刑条件或严格服刑条件下移转来的未成年被判刑人。

3. 因在服剥夺自由刑期间所实施的故意犯罪而被判刑的人，在严格服刑条件下服刑。在严格服刑条件下服刑的，还有被认定为恶意违反服刑程序的被判刑人和从普通服刑条件和宽松服刑条件下移转来的被判刑人。在未因违反服刑程序而受到处罚并认真劳动和学习满 6 个月后，他们可以移转到普通服刑条件下服刑。

4. 被判刑人如未因违反服刑程序而受到处罚，并且认真劳动和学习的，在下列情况下可以从普通服刑条件下移转到宽松服刑条件下服刑：

（1）初次服剥夺自由刑的被判刑男子，以及所有各类被判刑妇女——在普通服刑条件下服满 3 个月刑期后；

（2）以前服过剥夺自由刑的被判刑男子——在普通服刑条件下服满6个月刑期后。

5. 为了准备假释，在宽松服刑条件下服刑的被判刑人应移转到优待服刑条件下服刑。

6. 在普通服刑条件下服刑的被判刑人，如被认定为恶意违反服刑程序，应移转到严格服刑条件下服刑。

7. 被认定为恶意违反服刑程序的被判刑人，应从宽松服刑条件下移转到普通服刑条件下或严格服刑条件下服刑。

8. 在优待服刑条件下服刑的被判刑人，如被认定为恶意违反服刑程序，应移转到普通服刑条件下服刑。至少要在回到宽松服刑条件下6个月以后才能再次移转到优待服刑条件下服刑。

9. 将被判刑人从一种服刑条件移转到另一种服刑条件，由教养营首长根据该教养营的教学教育委员会的报告进行，但不得从普通服刑条件移送到宽松服刑条件，此种移转应根据劳动教养队委员会的报告进行。

第133条　在普通管束制度和加强管束制度的教养营 服剥夺自由刑的条件

1. 在普通管束制度和加强管束制度的教养营服刑的被判刑人在宿舍居住。准许他们：

（1）每月花费其个人账户上的，数额为法定最低劳动报酬60%的金钱用于购买食品和生活必需品；

（2）一年中接受6次短期探视和2次长期探视；

（3）一年中接收8个包裹或转交物品和8个印刷邮件。

2. 在宽松服刑条件下服刑的被判刑人在宿舍居住。准许他们：

（1）每月花费其个人账户上的，数额为法定最低劳动报酬120%的金钱用于购买食品和生活必需品；

（2）一年中接受12次短期探视和4次长期探视；根据教养营行政的决定，长期探视可以在教养营范围之外进行；

（3）一年中接收12个包裹或转交物品和12个印刷邮件。

3. 在优待服刑条件下服刑的被判刑人，一般无人看守，但在教养营行政的监督下，在教养营之外的宿舍居住。准许他们：

（1）每月花费个人账户上的钱购买食品和生活必需品，数额不受限制；

（2）使用金钱；

（3）接收包裹或转交物品和印刷邮件不受限制；

（4）接受短期探视的次数不受限制，以及在一年中接受6次长期探视并在教养营范围之外居住；

（5）穿着一般平民服装。

4. 在严格服刑条件下服刑的被判刑人，在隔离的住房内居住，工余和学习之余的时间住房上锁。准许他们：

（1）每月花费其个人账户上的，数额为法定最低劳动报酬30%的金钱用于购买食品和生活必需品；

（2）一年中接收4个包裹或转交物品和4个印刷邮件；

（3）一年中接受4次短期探视。

第134条　普通管束制度和加强管束制度的教养营中对被判处剥夺自由的人适用的奖励措施

对表现良好、认真劳动和学习、积极参加被判刑人的业余组织的工作和积极参加教育活动的未成年被判刑人，除本法典第113条规定的奖励措施外，还可以适用下列奖励措施：

（1）有权在本教养营工作人员陪同下离开教养营外出参加文化娱乐活动和体育活动；

（2）有权在父母、代替父母的人或其他近亲属陪同下离开教养营外出；

（3）提前从纪律隔离室释放。

第 135 条　普通管束制度和加强管束制度的教养营中对被判处剥夺自由的人适用奖励措施的特点

1. 对于作为奖励而有权在本教养营工作人员陪同下离开教养营外出参加文化娱乐活动和体育活动和有权在父母、代替父母的人或其他近亲属陪同下离开教养营外出的被判刑人，应发给归他们所有的一般平民服装。

2. 不准许被判刑人参加在夜间举行的文化娱乐活动和体育活动。

3. 离开教养营外出的时间由教养营首长规定，但不得超过 8 小时。

第 136 条　普通管束制度和加强管束制度的教养营中对被判处剥夺自由的人适用的处罚措施

对违反服刑程序的未成年被判刑人，除本法典第 115 条第 1款第(1)项和第(2)项规定的处罚措施外，还可以适用下列处罚措施：

（1）剥夺一个月看电影的权利；

（2）关入纪律隔离室 7 天以下，但可以离开隔离室参加学习。

第137条　普通管束制度和加强管束制度的教养营中
对被判处剥夺自由的人适用处罚措施的程序

1. 对被关押在纪律隔离室的被判刑人：禁止接受长期探视，禁止打电话；禁止购买食品和生活必需品；禁止接收包裹、转交物品和印刷邮件；禁止使用台式游戏机和吸烟。他们有权享有每天两小时的放风。

2. 对被关押在纪律隔离室的被判刑人，可以适用除关押在纪律隔离室以外的所有处罚措施。

3. 将被判刑人从纪律隔离室提前释放由教养营的首长或代理首长的人员作为奖励适用，也可以根据医疗证明进行。

第138条　对被刑人适用奖励措施和处罚措施的
教养营公职人员

1. 教养营的首长和代理首长的人员有权适用所有各种奖励措施和处罚措施。

2. 劳动教养队长有权适用以下奖励措施：

（1）表扬；

（2）准许额外花钱购买食品和生活必需品；

（3）准许额外打电话；

（4）提前撤销队长以前给予的处罚。

3. 支队的教养员有权适用以下奖励措施：

（1）表扬；

（2）提前撤销支队教养员以前给予的处罚。

4. 劳动教养队长有权适用下列处罚措施：

（1）警告；

（2）剥夺一个月看电影的权利。

5. 支队教养员有权宣布警告。

第 139 条　被判处剥夺自由的人达到成年后仍留在教养营

1. 被判处剥夺自由的人年满 18 岁后，一般仍留在教养营，但不得超过他们年满 21 岁。

2. 对年满 18 岁后仍留在教养营的被判刑人，亦适用对未成年被判刑人规定的服刑条件、伙食和物质保障标准。

3. 被判刑人年满 18 岁后留在教养营的事宜，根据教养营首长的决议，并经检察长的批准办理。

第 140 条　将被判处剥夺自由的人从教养营移送到改造营

1. 被判处剥夺自由的人表现不好的，在年满 18 岁后，应从教养营移送到普通管束制度的改造营继续服刑。

2. 将年满 18 岁的被判刑人移送到改造营的决定由法院依照俄罗斯联邦刑事诉讼立法规定的程序作出。

3. 所有年满 21 岁的被判刑人，均根据教养营首长的决定，从教养营移送到普通管束制度的改造营继续服刑。

第 141 条　教学教育过程的组织

1. 为了对被判处剥夺自由的人进行改造和培养他们准备独立生活，应组织旨在培养被判刑人守法和认真对待劳动和学习，获得初等职业教育和职业培训，提高教育水平和文化水平的统一的教学教育过程。

2. 被判刑人的基础（完全）普通教育，初等职业教育和职业培训以夜校、职业技术学校和教养营的企业为基地进行。

第 142 条　社会团体参与教养营的工作

1. 为了协助教养营的行政组织教学教育过程和加强物质技术基础，解决被判刑人的社会保护问题和解决被释放人员的生活安置及劳动安置问题，教养营附设有保护委员会，该委员会由国有企业、机构、组织、社会团体和公民的代表组成。保护委员会的组织和活动由俄罗斯联邦政府批准的示范条例规定。

2. 为了提高对被判刑人教育感化的效果和协助教养营的行政，劳动教养队可以成立由被判刑人的父母、代替父母的人和其他近亲属组成的家长委员会，家长委员会的活动由教养营首长批准的条例调整。

第五编　限制军职刑、拘役刑和军纪营管束刑对被判刑军人的执行

第十八章　限制军职刑的执行

第143条　限制军职刑的执行程序和条件

1. 依据法院刑事判决，部队指挥员在收到法院刑事判决副本和执行书的 3 日以内发布命令，宣布有何根据，在多长期限内被判刑军人不得晋升职务和授予军衔，多长期限不计入正常授予军衔的军龄。此外，还应指出被判刑军人在服限制军职刑期间依据法院判决扣除多大数额军饷并划入相应预算。命令向部队宣布，通知被判刑军人本人，并予以执行。

2. 关于收到刑事判决，发布相应的命令及付诸执行的情况，部队指挥员在 3 日内通知作出刑事判决的法院。命令的副本应送交法院。

第144条　从被判刑军人的军饷中扣款

法院刑事判决规定的从被判刑军人军饷中扣款数额根据其职务工资、军衔工资、月津贴和其他津贴以及其他额外金钱收入计算。

第145条　被判刑军人的调动

1. 在法院刑事判决的期限内作为刑罚的执行，被判处限制军职的军人不得晋升职务。

2. 如果考虑到犯罪的性质和其他情节，被判刑军人不能留任与领导下级有关的职务，根据部队有关指挥员的决定，被判刑军人应调任其他职务，可在本部队范围内，也可调至其他部队或地区。调动情况应通知作出刑事判决的法院。

第146条　对被判刑军人的教育工作

根据被判刑军人犯罪的性质和社会危害性的程度、被判刑军人的个人身份及其表现和对军职的态度，部队指挥员对其进行教育工作。

第147条　限制军职刑执行的终止

在法院刑事判决和部队所发布命令确定的限制军职期限届满至少3日以前，部队指挥员发布关于终止执行限制军职刑的命令，并指明终止的日期。命令副本应送交作出判决的法院。

第148条　对被解除军职的被判刑军人免于服限制
　　　　　军职刑或进行改判

法院刑事判决规定的刑期届满之前，被判刑军人可以依据俄罗斯联邦立法规定的理由解除军职。在此情况下，部队指挥员向法院送交关于将未服满部分的刑罚改判较轻刑罚或免除刑罚的报告。

第十九章　拘役刑对被判刑军人的执行

第149条　被判刑军人服拘役刑的场所

被判处拘役的军人在被判刑军人禁闭室或警备区拘留所相

应分部服刑。

第 150 条　被判刑军人分开关押

1. 被判刑军官与其他各种被判刑军人分开关押。

2. 有陆军准尉、海军准尉、陆军军士、海军军士军衔的被判刑军人与被判刑列兵分开关押。

3. 应征服现役的被判刑军人与依照合同服现役的被判刑军人分开关押。

4. 被判刑军人与由于其他原因被拘留的军人分开关押。

第 151 条　将被判刑军人押送到拘留所

被判处拘役的军人应在接到法院刑事判决执行书之后的 10 日内押送至拘留所服拘役刑。

第 152 条　被判刑军人服拘役刑的程序和条件

被判刑军人服拘役刑的程序和条件由本法典、俄罗斯联邦国防部的规范性法律文件，以及被判刑军人服刑规则确定。

第 153 条　对被判刑军人适用的奖励和处罚措施

1. 对有模范表现和认真对待军职的被判刑军人，可以适用表扬、提前撤销以前的处分或将服拘役刑的时间全部或部分计入一般军龄等奖励措施。

2. 对违反服刑程序的被判刑军人可以适用的处罚措施：警告或移送单人禁闭室，期限为 10 日以内。

3. 部队负责人和警备区长官有适用奖励和处分措施的权利。

4. 警备区长官有权适用将服拘役刑的时间计入一般军龄的

奖励措施。

第154条　被判刑军人法律地位的特点

1. 服拘役刑的时间不计入一般军龄和正常授予军衔所需的军龄。

2. 被判刑军人在服拘役刑期间不得正常授予军衔、任命上一级职务、调动服役地点和解除军职，但由于身体状况被认定不适合继续服役的情况除外。

3. 对被判刑军人在服拘役刑期间根据军衔工资数额发给军饷。

第二十章　军纪营管束刑的执行

第155条　军纪营管束刑的服刑场所

1. 被判处军纪营管束的军人在单独的军纪营或军纪连服刑。军纪营的组织结构和数量由俄罗斯联邦国防部确定。

2. 被判刑军人的遣送和收入军纪营依照被判刑军人服刑规则进行。

3. 对被判刑军人适用本法典规定的基本改造手段，以及服兵役所决定的其他手段。

第156条　军纪营的管束制度

1. 在军纪营规定执行刑罚和服刑的程序，以保障对被判刑军人的改造，对他们的军纪教育，对军职自觉态度的培养，履行他们应完成的军人义务和军训的要求，保障实现他们的权利和合法利益，保障对被判刑军人的看守和监管，保障被判刑军人和军纪营工作人员的人身安全。

2. 被判刑军人应当遵守军纪营中规定的管束制度的各项要求。

3. 在服军纪营管束刑期间，所有被判刑军人，无论他们是何军衔，以前担任何职务，均应按普通士兵（水兵）对待，穿着军纪营规定的统一制服并佩戴识别标志。

第157条　军纪营管束制度的特点

1. 军纪营管束制度依照本法典第十二章和本条的要求予以保障。

2. 准许被判刑军人随身保存的物品的清单和数量由被判刑军人服刑规则确定。不准许被判刑军人随身保存现金、有价证券和其他贵重物品，以及未列入清单的物品。

3. 在被判刑军人身边发现的现金、有价证券和其他贵重物品应予以收缴，并根据上述规则进行保管，直到服刑期满。从被判刑军人身边收缴的违禁物品，根据军纪营指挥员的命令交付保管或予以销毁，对此应制作相应的文书。

第158条　被判刑军人的探视

1. 被判刑军人有权接受短期和长期探视。

2. 短期探视是接受亲属和其他人员的探视，每个月2次，时间不超过4小时。

3. 长期探视是接受配偶和近亲属的探视，在特殊情况下经军纪营指挥员准许接受其他人员的探视，每年4次，每次不超过3昼夜，并有权在军纪营中有专门设备的房舍一起居住，或根据军纪营指挥员酌定，在军纪营以外一起居住。

4. 被判刑军人在接受长期探视期间免于履行公务、劳动和学习。

5. 根据被判刑军人的请求，短期探视和长期探视可以用通电话替代。

6. 为获得法律帮助，根据被判刑军人的申请，他们可以与律师或其他有权提供法律帮助的人员会面。根据被判刑人和上述人员的愿望可以提供单独会面。

第159条　被判刑军人接收包裹、转交物品和印刷邮件

1. 被判刑军人有权每月接收一个包裹，在接受探视时接收转交物品和接收印刷邮件，数量不受限制。

2. 包裹、转交物品和印刷邮件应启封，其中的物品在军纪营代表监督下由收件的被判刑军人取出。

3. 在包裹、转交物品和印刷邮件中发现的禁止被判刑军人拥有的物品应予以收缴，列入被判刑军人个人收缴物品清单并与其他的个人物品一起保管，直至服刑期满。在这种情况下，禁止流通的物品应予以没收，并不再退还被判刑军人。如发现此类物品，军纪营指挥员立即通知检察长。

4. 被判刑军人收到的钱款划入其个人账户。

第160条　被判刑军人的通信

1. 被判刑军人有权接收和发送信件和电报，数量不受限制。

2. 来函由军纪营代表转交，并应在其监督下由被判刑军人开启，发现夹寄的违禁物品应予以没收。

3. 被判刑军人信函和电报的内容不进行检查。

第 161 条　被判刑军人购买食品和生活必需品

被判刑军人有权每月用其个人账户上的，数额相当于法定最低劳动报酬的款项购买食品和生活必需品，以及有权将每月应领的军饷全部用于上述需要。

第 162 条　被判刑军人离开军纪营短期外出

1. 因个人特殊情况（近亲属死亡或患危及生命的重病，给被判刑军人本人或家庭造成重大物质损失的自然灾害）准许被判刑军人离开军纪营短期外出，期限为 7 日以内，往返路程时间不计算在内。被判刑军人在军纪营之外停留时间计入服刑期。

2. 被判刑军人不享有军人的规定休假。

第 163 条　被判刑军人的军事训练

被判刑军人的军事训练、军事教育和思想教育，根据俄罗斯联邦国防部制定的专门大纲进行。为此应建立必要的教学物质设施。

第 164 条　被判刑军人的劳动

1. 被判刑军人参加军纪营的工程或俄罗斯联邦国防部确定的其他工程的劳动，以及参加改善军纪营设施的劳动。

2. 如果不能保证被判刑军人参加本条第 1 款所述工程的劳动，在遵守军纪营管束制度的前提下可吸收被判刑军人参加其他单位的劳动。

3. 被判刑军人劳动的组织，应遵守俄罗斯联邦劳动立法规定的劳动保护、安全和生产卫生技术规则。

4. 被判刑军人完成工作的价值，根据其工作所在单位规定的定价确定。

5. 被判刑军人工资总额的 50% 划入军纪营的账户，用于补偿被判刑军人的生活费，军纪营设施的改善，建立和发展军纪营生产基地，设立物质奖励基金和解决被判刑军人社会生活需要问题。被判刑军人工资的其余部分划入其个人账户。

第 165 条　对被判刑军人的教育工作

1. 军纪营指挥人员对被判刑军人进行教育工作。

2. 被判刑军人原部队指挥人员应与军纪营指挥员保持经常联系，了解原部下的表现，并协助对他们进行改造。

3. 地方自治机关和社会团体协助军纪营指挥人员对被判刑军人进行教育工作。

第 166 条　军纪营中服刑条件的变更

1. 被判刑军人有模范的表现，认真对待军职和劳动的，在至少服满 1/3 的刑期后，可以根据军纪营指挥员的命令转移到宽松服刑条件下服刑。

2. 在宽松条件下服刑的被判刑军人划入为该种被判刑人设立的军纪营分队。准许他们：

（1）花费他们个人账户上的款项用于购买食品生活必需品时，数额不受限制；

（2）一年当中额外接受 2 次长期探视；

（3）在军纪营外接受短期探视和长期探视；

（4）如果出于所执行的公务性质的需要，在军纪营外无人押送自由往来。

3. 在宽松条件下服刑的被判刑军人作为处罚可移转至普通服刑条件下服刑。至少在普通条件下服刑 3 个月以后才能依照本条第 1 款和第 2 款的规定的程序，再次移转至宽松条件下服刑。

第 167 条　对被判刑军人适用的奖励措施

1. 对被判刑军人适用以下奖励措施：
（1）表扬；
（2）发给奖品；
（3）发给奖金；
（4）准许增加 1 次短期或长期探视，或与亲属通 1 次电话；
（5）提前撤销以前所受的处罚。
2. 对被判刑军人有模范表现和认真对待军职和劳动的，军纪营指挥员可以提请假释。

第 168 条　对被判刑军人适用的处罚措施

1. 对被判刑军人适用以下处罚措施：
（1）警告；
（2）严重警告；
（3）按纪律处分程序拘留 30 日以内。
2. 按纪律处分程序被拘留的被判刑军人在军纪营拘留所单人禁闭室服刑。

第 169 条　适用奖励和处罚措施的程序

军纪营指挥员适用奖励和处罚措施的权利、上述措施的适用和登记程序由俄罗斯联邦国防部依据军人章程的规定确定。

第170条 被判刑军人的物质生活保障和医疗保障

1. 对被判刑军人根据军人章程的规定创造必要的居住、生活条件。

2. 按照对军职人员制定的标准，保障被判刑军人的粮食和物品的供应。

3. 根据俄罗斯联邦立法的规定对被判刑军人提供医疗保障。

4. 需要住院治疗的被判刑军人押送至医院并住在有专门设备的病房。在医院对被判刑军人的看守由医院所在地警备司令所属的兵力和装备进行。

5. 被判刑军人的军饷每月按职务工资或应征第一年服役士兵（水兵）一等津贴的数额划入其个人账户。不吸烟的补偿金划入被判刑军人个人账户。

6. 准许被判刑军人拥有以非现金结算形式购买或通过包裹、转交物品、印刷邮件接收的生活必需品和食品的清单，由被判刑军人服刑规则规定。

第171条 被判刑军人在军纪营的时间计入一般军龄

1. 被判刑军人在军纪营管束的时间不计入一般军龄。

2. 对掌握军事专业的、了解和准确执行军人章程并圆满执行军务的、在应征服役期期满后从军纪营释放的被判刑军人，可将军纪营管束的时间计入一般军龄。

3. 被判刑军人在军纪营管束的时间计入一般军龄的程序由俄罗斯联邦国防部确定。

第六编　免于服刑对服刑后获释的被判刑人的帮助和监督

第二十一章　免于服刑

第 172 条　免于服刑的根据

免于服刑的根据是：

（1）服满法院刑事判决所判处的刑期；

（2）法院判决撤销，案件终止；

（3）假释；

（4）将未服满的部分刑罚改判较轻的刑罚；

（5）特赦和大赦；

（6）严重疾病或致残；

（7）法律规定的其他根据。

第 173 条　服刑的终止和释放的程序

1. 剥夺担任一定职务或从事某种活动的权利、强制性社会公益劳动、劳动改造、限制自由、拘役、有一定期限的剥夺自由刑，以及限制军职和军纪营管束，在刑期最后一日终止服刑，并考虑到刑期可能的依法变更。

2. 被判处限制自由、拘役和有一定期限剥夺自由刑的人，在刑期最后一日的上午释放。如果刑期在节假日结束，则被判刑人在节假日前一日释放。刑期以月计算时，刑期在最后一个月的相应日期结束，如果该月没有相应的日期，则在该月的最后一日结束。

3. 释放被判刑人时，应向其退还属于他的一般物品和贵重物品、个人账户上的钱款、个人证件和有价证券，以及证明被判刑人免除刑罚的文件和参加劳动活动的文件。

4. 保存在被判刑人个人卷宗中的服限制自由刑、拘役刑，或剥夺自由刑后释放人员的身份证、劳动手册和赡养金证明，在释放时应发给被判刑人本人。个人卷宗中没有身份证、劳动手册和赡养金证明的，改造机构的行政应提前采取措施领取上述证明文件。

5. 提前免于服刑在收到有关文件之日进行，如果文件在工作日结束以后收到，则在次日早晨进行。

6. 在劳动改造期限结束当日，而由于其他原因免除此种刑罚时，则至迟在收到相应文件后的下一个工作日，刑事执行检查处应向被判刑人服劳动改造刑的单位的行政提出：停止从被判刑人工资中扣款。应向释放人员发放刑满释放或免于服刑的证明。

7. 对于因刑事案件终止、刑事判决撤销而不再服刑的被判刑人，执行刑罚的机关或机构的负责人应说明其恢复财产权利、劳动权利、住房权利和在服刑期间失去的其他权利的权利，在释放文件中以国家的名义向上述被判刑人正式致歉。

第 174 条　被判刑军人免予服刑

1. 正在服限制军职刑、拘役刑或军纪营管束刑的被判刑军人，由于患病致使不适合服兵役的，免于继续服刑。未服满的部分刑罚可以改判较轻的刑罚。

2. 服兵役期间服刑的被判刑军人，如出现俄罗斯联邦立法规定的其他退伍原因，法院可以按规定程序提前免除刑罚，将未服满部分的刑罚改判较轻的刑罚，或不改判较轻的刑罚。

第175条　提请提前免于服刑的程序

1. 对于可能适用假释或将未服满部分的刑罚改判较轻刑罚的被判刑人，执行刑罚的机构或机关应根据俄罗斯联邦刑事诉讼立法规定的程序，向法院提交对被判刑人进行假释或将未服满的部分刑罚改判较轻刑罚的报告。

2. 对于提请特赦的被判刑人，执行刑罚的机构或机关应按照俄罗斯联邦立法规定的程序提交相应的申请。

3. 在提请假释、将未服满部分的刑罚改判较轻刑罚和特赦的报告中，应包含被判刑人身份以及在服刑期间的表现、对学习和劳动的态度、对所实施行为的态度等内容。

4. 适用大赦的程序由发布大赦令的机关确定。

5. 由于被判刑人患精神病而免于服刑的报告，由执行刑罚的机构或机关的首长向法院提交，在提交上述报告的同时，向法院送交医疗委员会的鉴定和被判刑人个人卷宗。

6. 由于被判刑人患其他重病而免于服刑的报告，由执行刑罚的机构或机关的首长向法院提交。在提交上述报告的同时，向法院送交医疗委员会或劳动医疗鉴定委员会的鉴定和被判刑人个人卷宗。在报告中应包括说明被判刑人在服刑期间表现的材料。

7. 在被判处强制性社会公益劳动、劳动改造或限制自由的人被认定为一等或二等残废时，执行刑罚的机构或机关提交提前免于继续服刑的报告。

8. 对被判处强制性社会公益劳动、劳动改造或限制自由刑的妇女怀孕时，执行刑罚的机构或机关的首长向法院提交自给予孕期和生育假期之日起延期服刑的报告。

9. 被判刑人在服满法律规定的部分刑期时，执行刑罚的机构或机关的行政应在一个月之内研究并做出关于提请或拒绝提请假释或将未服满部分的刑罚改判较轻刑罚的决定。

10. 如果被判处剥夺自由的人在宽松服刑条件下，而未成年被判刑人在优待服刑条件下服刑，可以审议其假释和将未服满部分的刑罚改判较轻刑罚的问题。

11. 当法院驳回假释或将未服满部分的刑罚改判较轻刑罚的请求，依据上述任何一种根据再次向法院提交报告，应在法院作出驳回裁定之日起至少6个月以后进行。

12. 被假释人和被判处限制自由的人，如果他们在法律规定的情况下已押送改造机构，至少在撤销假释裁定作出之日起1年以后，才能重新提请假释或将未服满部分的刑罚改判较轻刑罚。

第176条 对正在服终身剥夺自由刑的人提请假释的特点

1. 对正在服终身剥夺自由刑的人，只有在过去3年当中无恶意违反服刑程序的条件下，才可以适用假释。

2. 对在服终身剥夺自由刑期间又实施严重犯罪或特别严重犯罪而被判刑的人不能提请假释。

3. 如果法院驳回对被判刑人进行假释，再次提请假释至少在法院作出驳回裁定之日起的3年以后方得进行。

第177条 被判刑的孕妇和有幼年子女的妇女延期服刑

1. 对在改造营服刑的被判刑怀孕妇女和有幼年子女的妇女，

法院可以决定其延期服刑，直到其子女年满 8 岁。

2. 对实施侵害人身的严重犯罪或特别严重犯罪而刑期超过 5 年的被判刑妇女，不得适用延期服刑。

3. 改造机构的行政向法院提交释放被判刑妇女的报告。报告应附有对被判刑妇女所做的鉴定，其亲属同意接收被判刑妇女及其子女并向他们提供居所、创造必要生活条件的证明，或被判刑妇女拥有居所和与子女一起生活的必要条件的证明，怀孕的医疗诊断书或有子女的证明，以及被判刑妇女的个人卷宗。

4. 改造机构的行政在收到关于对被判刑妇女延期服刑的裁定后，释放被判刑妇女。改造机构的行政应向被判刑妇女取得在到达后 3 日内向刑事执行检查处报到的具结。

5. 被判刑妇女自行前往住所地，费用由国家承担。

6. 在释放之日，将法院关于延期服刑并注明释放日期的裁定的副本送交被判刑妇女住所地的刑事执行检查处。

7. 刑事执行检查处对被判刑妇女进行登记，并在以后对其行为进行监督。

8. 在被判刑妇女报到后，刑事执行检查处应在 3 日内向释放被判刑妇女地点的改造机构发出确认已报到的文件。

第 178 条　对被判刑妇女遵守延期服刑条件的监督

1. 如被判刑妇女自释放之日起的 2 周内没有报到，刑事执行检查处应采取初步侦缉措施，如未取得结果，对被判刑妇女宣布通缉。

2. 延期服刑的被判刑妇女违反社会秩序或劳动纪律的，如在延期服刑期间已对其适用行政或纪律处分，或逃避培养和照顾子女，刑事执行检查处宣布警告。

3. 如果被判刑妇女拒不抚养子女，或在宣布警告之后仍然逃避教养子女，其住所地的刑事执行检查处向法院提交撤销延期服刑和遣送其服法院判决所处刑罚的报告。报告应附有法院关于延期服刑的裁定的副本。

4. 下列情节认为被判刑妇女是逃避抚养子女：虽未正式拒绝抚养子女，但将子女留在产科医院或转给儿童教养院；或采取反社会的生活方式，不教养子女；或将子女留给亲属或其他人；或隐匿躲藏；或实施其他说明其逃避养育子女的行为。

5. 在子女年满8岁或死亡后，被判刑妇女住所地的刑事执行检查处考虑被判刑妇女犯罪的性质和社会危害性的程度，被判刑妇女的表现及其抚养子女的态度，向法院提交关于免除被判刑妇女服剩余部分的刑罚或将未服满部分的刑罚改判较轻刑罚的报告，或将其送往改造机构的报告。

第179条　刑满人员的法律地位

刑满人员承担俄罗斯联邦公民规定的义务并享有俄罗斯联邦公民规定的权利，但接受俄罗斯联邦法律对有前科人员规定的限制。

第二十二章　对服刑后获释的被判刑人的帮助和监督

第180条　刑罚执行机构的行政协助对获释的被判刑人进行劳动安置和生活安置的职责

1. 在拘役期届满前2个月或限制自由和剥夺自由期限届满前6个月，刑罚执行机构的行政通知地方自治机关和被判刑人所选择住所地的联邦就业服务部门关于被判刑人即将获释，及其现有住所、劳动能力和具有专业的情况。

2. 为被判刑人做好释放的准备，应对其进行教育工作，向被判刑人说明其权利和义务。

3. 一等或二等残疾的被判刑人，被判刑的 60 岁以上的男子和被判刑的 55 岁以上的妇女，根据本人请求和刑罚执行机构行政的报告，由社会保护机关送往残疾人福利院和养老院。

第 181 条　对服刑后获释的被判刑人的帮助

1. 在服限制自由刑、拘役刑或有一定期限的剥夺自由刑获释的被判刑人保障免费前往住所地，按照俄罗斯联邦政府规定的程序在路途中保障获得食品供应或所需费用。

2. 如没有必要的应季衣物或购买衣物的钱款，从剥夺自由场所释放的被判刑人保障获得衣物，费用由国家负担。可以向其发放俄罗斯联邦政府规定数额的一次性补助金。

3. 向获释的被判刑人提供食品、衣物，发放一次性补助金以及支付路费由刑罚执行机构的行政进行。

4. 由于身体状况需要他人照顾的被判刑人，被判刑怀孕妇女和有幼年子女的被判刑妇女以及未成年被判刑人，在服限制自由刑、拘役刑或剥夺自由刑后获释时，刑罚执行机构的行政预先将其获释的事宜通知其亲属或其他人员。

5. 本条第 4 款所列从改造机构释放的被判刑人，以及未满16 岁的未成年被判刑人由其亲属或其他人员，或改造机构工作人员护送至住所地。

第 182 条 获释的被判刑人获得劳动安置和生活安置 以及其他社会帮助的权利

在服限制自由刑、拘役刑、剥夺自由刑后获释的被判刑人有权依照俄罗斯联邦立法和规范性法律文件的规定获得劳动安置、生活安置和其他各种社会帮助。

第 183 条 对服刑后获释人员的监督

对服刑后获释人员的监督根据俄罗斯联邦立法和规范性法律文件的规定进行。

第七编　死刑的执行

第二十三章　死刑的执行

第 184 条　执行死刑的一般规定

1. 被判处死刑的人应关押在单人牢房，关押条件应保障对其加强看守和隔离。

2. 如被判刑人提出特赦请求，在俄罗斯联邦总统作出决定前中止执行法院刑事判决。

3. 如被判刑人放弃提出特赦请求，由劳动改造机关的行政在检察长参与下制作相应的文书。

4. 执行死刑的根据是已经产生法律效力的法院刑事判决、俄罗斯联邦最高法院院长和俄罗斯联邦总检察长关于对法院刑事判决无依照监督程序提出抗诉根据的结论，以及关于驳回特赦请求的通知，或被判处死刑的人放弃请求特赦的文书。

第 185 条　被判处死刑的人的法律地位

1. 法院刑事判决生效后，被判处死刑的人有权按照法律规定的程序提出特赦请求。

2. 被判处死刑的人有权：

（1）按照法律规定的程序办理必要的民事法律关系和婚姻家庭关系的手续；

（2）获得必要的医疗救助；

（3）获得法律帮助，会见律师和有权提供法律帮助的其他人员，时间和次数不受限制；

（4）收发信件不受限制；

（5）每月接受 1 次近亲属的短期探视；

（6）同神职人员见面；

（7）每日放风 1 次，时间为 30 分钟；

（8）每月花钱购买食品和生活必需品，数额按对关押在监狱中严格管束制度下的被判刑人的规定。

3. 被判处死刑的人，如法院刑事判决已生效，但特赦尚未解决或特赦请求已得到批准，在押送改造机构继续服刑前，应按本法典第 127 条的条件进行关押。

4. 被判处死刑的人特赦请求被驳回的，在押送到有关机关执行刑事判决之前，按本法典第 131 条第 5 款规定的条件关押。

第 186 条 执行死刑的程序

1. 死刑的执行不公开，以枪决方式执行。对几个被判刑人执行死刑，应在其余被判刑人不在场的情况下对每个人分别进行。

2. 执行死刑时，应有检察长、死刑执行机构的代表和医生在场。

3. 由医生验证被判刑人已经死亡。关于法院刑事判决执行的情况应制作记录，记录应由本条第 2 款所述人员签字。

4. 死刑执行机构的行政应将行刑事宜通知做出刑事判决的法院及被判刑人的一个近亲属。不通知收尸，也不通知尸体埋藏地点。

第八编 对被判缓刑人员的监督

第二十四章 对被判处缓刑人员行为的监督

第187条 对判处缓刑人员行为进行监督的机关

1. 对判处缓刑人员的行为由其住所地的刑事执行检查处进行监督，对被判缓刑的军人由其所在部队指挥机关进行监督。

2. 根据俄罗斯联邦立法和规范性法律文件规定的程序，对被判缓刑人员的监督应吸收内务机关其他部门的工作人员参加。

第188条 对被判缓刑人员行为进行监督的程序

1. 刑事执行检查处对在考验期间的被判缓刑人员进行个人登记，在内务机关其他部门人员的参与下，对被判缓刑人员遵守社会程序，履行法院责令履行的义务进行监督。

2. 在被判缓刑人员作为附加刑被判处剥夺担任一定职务或从事某种活动的权利时，刑事执行检查处适用本法典第33～38条规定的全部措施。

3. 如被判缓刑人员应征服兵役，法院刑事判决副本应送交军事委员会，必要时，还应送交要求对被判缓刑人员在服役地的表现进行监督所需的其他文件。部队指挥机关应在10日内将被判缓刑人员办理登记事宜通知刑事执行检查处，在服兵役期满后，将其离开部队的事宜通知刑事执行检查处。

4. 被判缓刑的人员应向刑事执行检查处和部队指挥机关报告自己的行为，履行法院责令履行的义务，在刑事执行检查处传唤时随传随到。无正当理由传唤不到时，可以对被判缓刑人员进行拘传。

5. 在被判缓刑人员逃避对其行为的监督时，刑事执行检查处应采取初步措施查明其下落和逃避监督的原因。

第189条　考验期的计算

1. 考验期自法院刑事判决生效时起计算。

2. 考验期届满，对被判缓刑人员行为的监督即终止，并撤销其在刑事执行检查处的登记。

第190条　被判缓刑人员的责任

1. 如果被判缓刑人员逃避履行法院责令履行的义务或破坏社会秩序，并因此受到行政处罚，刑事执行检查处以书面形式警告其撤销缓刑的可能。

2. 如被判缓刑人员不履行本法典第188条第4款的要求，以及在有其他情况说明应责令被判处缓刑人员履行其他义务时，刑事执行检查处首长应向法院提交相应的报告。

3. 如有充分的根据，刑事执行检查处向法院提交延长考验期的报告。

4. 如被判处缓刑的人员在考验期多次或恶意不履行法院责令他们履行的义务，或逃避监督，刑事执行检查处首长向法院提交撤销缓刑和执行法院刑事判决所判处刑罚的报告。

5. 多次不履行义务是指：一年中2次以上实施被禁止的行为或不履行为被判缓刑人员规定的行为，或长期（超过30天）不履行法院责令其履行的义务。

6. 被判缓刑的人员下落不明超过 30 天，认为是逃避监督。

俄罗斯联邦总统

鲍·叶利钦

1997 年 1 月 8 日

莫斯科 克里姆林宫

第 1 号联邦法律

附录 不得依照法院刑事判决予以没收的财产清单

属于被判刑人私人或为其在共有财产中份额的下列财产和物品不得予以没收：

1. 被判刑人及其家属经常居住的住房、住宅或其中单独部分（一家最多 1 所住房或 1 套住宅）。

2. 不得予以没收的住房和生产用房所在的土地，以及进行农业或副业生产必需的土地。

3. 对主要从事农业的被判刑人——为满足其家庭最低需要数量的生产用房，以及家畜饲料。

4. 适时播种农作物所必需的种子。

5. 家庭陈设物品、家具什物、衣物：

（1）现用的衣物、鞋、内衣、床上用品、厨具和餐具；

（2）被判刑人及其家庭成员最低限度的所需家具；

（3）所有儿童用品。

6. 对主要从事农业的被判刑人——在新粮收获前被判刑人及其家庭必需数量的食品，而对于其余被判刑人——食品和用于被判刑人及其家庭成员每人相当于法定最低劳动报酬 3 倍的钱款。

7. 被判刑人家庭炊事和住房供暖的燃料。

8. 用具（其中包括农用机械设备），以及被判刑人及其家庭成员继续从事其职业必需的资料和书籍，但法院刑事判决剥夺被判刑人担任一定职务或从事某种活动的权利或被判刑人利用其实施犯罪的情形除外。

9. 残疾人的专用交通工具。

10. 被判刑人获得的国际奖励和其他奖励。

注：本清单所列物品在下列情况下可予以没收：

所发现物品的数量如果明显高于被判刑人及其家庭的需求，或用贵金属制成，或系奢侈品，或具有历史或艺术价值。